图说身边经济学

努力工作图什么？

你说，钱够花么？

美好身体，才能等到养老金？

我想在闹市周边买房！

油品升级经历了什么？

银行的经济算盘你懂么？

大学毕业＝失业？

经济日报出版社

目 录

产业篇

序

中国连续数十年的经济高速增长之后，经济活动对普通人生活的影响变的越来越直接，越来越重要。

经济学作为一门专业学科，理解起来存在一定的门槛。但是事实上经济学非常直接地影响着普通人的生活，同时在某些领域，经济学的结论往往又和人们的直觉相悖，所以经济学通常对百姓大众有着一种既让人想要亲近，又有些迷惑不定的特殊吸引力。

由于每一个人都会参与到经济之中来，所以每一个参与者都对中国经济持有自己独特的视角。但是经济学有着很多不同的分支，各派之间又有不同的观点，所以市面上的经济学读物往往良莠不齐。面向专业读者的内容往往艰深难懂，或者需要一定的知识背景才能够理解，而面向普罗大众的读物又很难在专业和易懂之间做一个良好的平衡。我一直希望自己能做一些正本清源的内容，以更通俗易懂的方式向公众介绍这些知识。

图解财经栏目就是在这样的初衷之下建立起来。两年来，我们发布的百余张信息图在钱荒、北京大气污染、中国楼市泡沫等多个重大新闻事件上做出了视角独特的报道，以新的展示模式和叙事方式展示了中国经济发展的部分面貌，在网络媒体上获得了良好的传播。于是我们将这些内容集结成册，提供给网络之外的读者。

我非常真诚地希望我们提供的内容能让更多的人对经济学有所了解，让读者们面对中国纷繁复杂的经济形式能形成一个理解经济现象的思路，有一个理解和分析经济的框架，避免人云亦云，造成盲目的恐慌或者乐观。这本书介绍的并不只是知识，而以一种对经济的全新理解方式。

搜狐财经《图解财经》栏目组　张韧刚

民生篇

minshengpian

第一章：我们为何这么累

在每一座城市中，行色匆匆的上班族构成了人口组成的一大部分。上班族们大多衣着整洁，谈吐文雅，有一份稳定的工作，还有对生活质量地追求。

我们每天上班下班，日复一日地重复着相似的工作，为车子、为房子、为孩子、为票子不停地奔波着。每当有人问你累不累的时候，几乎都会下意识地回答：“累！”

那么谁能告诉我，我们究竟为什么这么累？

第一节 中国上班族，你幸福么？

曾有网友回答这个问题时说："工薪阶层千分之一千的不幸福。"这虽然是情绪激烈地表达，但也反映出了我国工薪阶层目前面临的严重问题。

根据中国职场人平衡指数调研报告数据，中国上班族的时间是这样分配的：

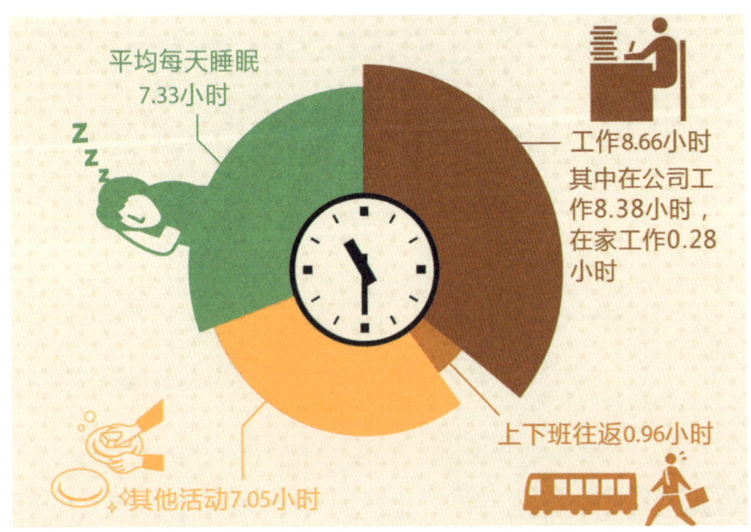

科学研究表明，睡眠时间和睡眠质量能够直接影响人的幸福指数。

中国上班族感觉如此“不幸福”，是否因为睡眠不足呢？来看一下几个国家睡眠时间对比。

睡眠

根据报道，中国人职场白领每天睡7.33个小时。那么，其他国家的人睡多少小时？

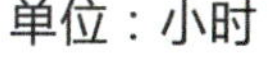

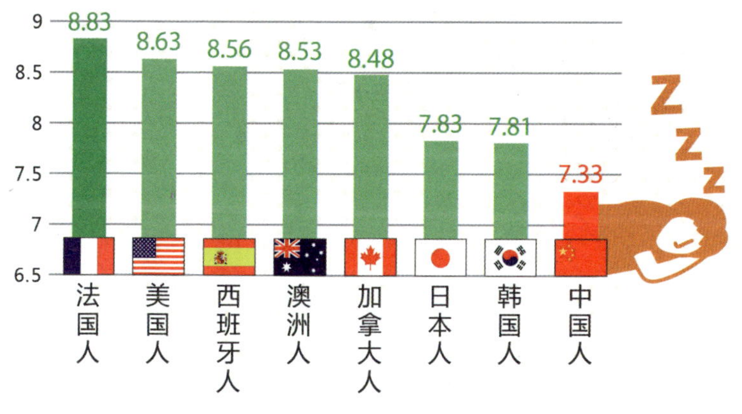

原来并不是收入高的人就要睡得少，这张对比图让我们惊讶的发现，在与几个经济发达国家白领人群睡眠时间的对比中，我们排在倒数第一，这让不少中国白领表示“很受伤”。有人发问：“难道大熊猫就是凭借它永不消退的黑眼圈荣登国宝宝座的？”

导致睡眠不足的一个重要原因，就是加班。

加班

调查显示，全国职场人均每天在公司工作8.376小时，多于8小时。其中，有30.3%的人都工作超过10小时（见下图），最长为16小时。

职场人在公司工作时间

10小时及以上 30.3%

8小时以下 17.35%

8小时 35.35%

8小时以上-10小时以下 17%

数据来源：智联招聘中国职场人平衡指数调研

几乎每个工薪阶层都遇到过需要加班的时候，大部分人即使已有私人安排也要无奈接受。很多白领在接受采访时无奈的表示：“不加班怎么办呢？工作总是要做的。”

平时加班也就罢了，要是赶上老婆生日啊，结婚纪念日啊这等大事还要加班，那情况可就严重了。要是更不幸赶上“双11”之类的购物狂欢节，那等待你的可就不止是回家跪跪键盘这么简单的事儿了，分分钟刷爆你所有银行卡。

小梁就摊上了这等大事。“双11”购物狂欢节恰逢

10小时及以上
30.3%

他老婆的生日，而他居然在这种关键时刻加班到了晚上十点才回家。不陪夫人过生日的后果那可是相当严重，一晚上18万的积蓄就换成了各种商品，准备披星戴月向它们未来的主人奔来了。求退货老婆生气，不求退货日子过不下去，小梁这回可犯了愁。

唉，小梁们，可不要以为加班是为了挣钱的，加班的后果还有可能让你的钱包一朝回到解放前，甚至还可能连老婆都没了。请一定要慎重，千万要慎重！

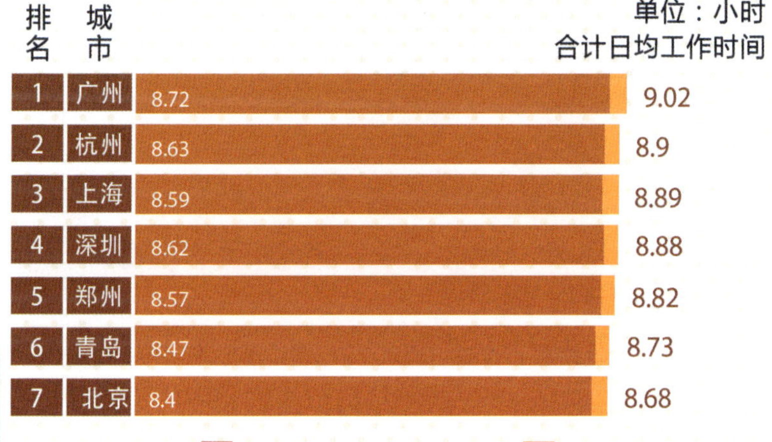

数据来源：智联招聘中国职场人平衡指数调研

在单位加班仍然有做不完的工作，有不少人出于各种原因选择带回家中继续完成。家本来是放松身心的港湾，在家也得不到完全的放松和休息，使人身心具疲。

职场人上下班往返时间城市排行榜

排名	城市	往返时间(小时)
1	北京	1.32
2	上海	1.17
3	天津	1.15
4	沈阳	1.14
5	西安	1.1
6	成都	1.03
7	广州	0.98
8	青岛	0.97
9	武汉	0.96
10	重庆	0.96
11	郑州	0.95
12	南京	0.93
13	长春	0.89
14	深圳	0.87
15	杭州	0.86

数据来源：智联招聘2012年度中国职场人平衡指数调研

身负工作重任的白领一族大多数都要加班，而大城市上下班往返时间越来越长也变成了白领阶层睡眠不足的又一重要原因。北京白领上下班平均往返时间已高达1.32小时，将仅有的休息时间压缩的更加可怜。

睡眠不足、加班任务重、心理压力大，“过劳”一族就是这样炼成的。

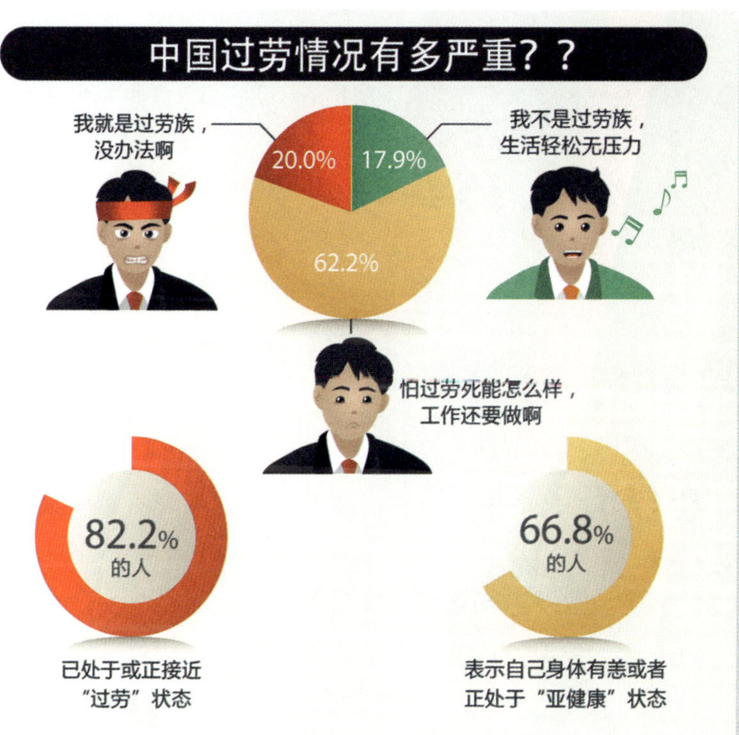

链接：“过劳”的表现和缓解方法

因各种原因熬夜、不睡觉或少睡，会导致身体疲惫。长时间处于疲惫状态可以导致上火、关节酸痛、免疫力下降、体质虚弱等症状，甚至患上较严重的疾病。

睡眠不足加上长时间使用电脑工作，许多人都会有头晕目眩，失眠健忘，食欲不振或者头疼嗜睡等情况，需要充足的睡眠和适当的运动才能缓解这种症状。

有不少人会觉得自己上火了，通常表现为易怒，口舌生疮，眼底充血等，这时候可以适当喝些菊花枸杞茶，明目降肝火。

伏案工作时间过长，腰酸背痛的现象很常见，这种现象时间长了得不到重视就会演化为肩周炎、颈椎病、腰椎间盘突出等我国白领阶层的常见疾病，因此工作间隙起来活动一下尤为必要。

此外，长时间面对电脑辐射还可以使人面色暗淡，皮肤粗糙或者起暗疮，爱美的女士们可以涂抹隔离霜，或者多喝些绿茶。

这些小毛病长期得不到重视会引起整个身体机能的衰退，导致新陈代谢变缓、衰老加速、免疫系统出现问题，最终造成严重后果，甚至出现“过劳死”的悲剧。

60万人！中国已超越日本成为“过劳死”第一大国！

疲惫的中国人，已经超过日本成为世界上过劳死第一大国，其中80后成为过劳死主力军……

要是中国足球也这么给力就好了！

亲，醒醒，该吃药了，亲。

小贴士：何谓“过劳死”？

“过劳死”源自日语“过劳死”，是指在非生理的劳动过程中，劳动者的正常工作规律和生活规律遭到破坏，体内疲劳蓄积并向过劳状态转移，使血压升高、动脉硬化加剧，进而出现致命的状态。

案例：

2013年5月13日傍晚，奥美中国北京分公司一名年轻员工在办公室突发心脏病，经医院抢救无效死亡，年仅24岁。据媒体5月16日报道，14日，该公司相关负责人表示，事发前一周该名员工已有身体不适。内部人士透露，他去世时已连续加班一个月，每天23点以后下班，去世后，工作QQ还一直亮着。

上述事件仅隔两天后，搜狐公司17173网站一位年轻员工，也因为病毒性心肌炎意外死亡。据报道，该男性员工在上班途中突然晕倒，送至医院后抢救无效死亡，医院初步诊断，该员工死于病毒性心肌炎。随后17173网站方面确认了此事，并在公司内部提醒员工注意爱护身体，珍惜生命。

曾经以为，死亡是几十年后才会面对的事，但一件件残酷的事件告诉我们，死亡离年轻人并不遥远，甚至可以说，生命随时都有消逝的危险。

为什么要这么累?

如果让你用健康来换金钱或者职位，你愿意吗?

17.2%	42.1%	30.9%
趁着年轻赶紧拼一把，健康的事儿等有钱了再说。	不愿意又能怎么样？最后还得这么拼啊！	健康高于一切，我才不换。

用健康来换取职位和金钱是中国职场白领的普遍现状，就算不愿意，也没办法。工作还是要做，班还是要加。

不同年龄段人群身体状况

15至24岁人群中感觉“比较健康”的最多	25至34岁人群中，感觉“处于亚健康状态”的人最多	35至50岁人群中，感觉“处于亚健康状态”的人最多
占比 40%	占比 34.7%	占比 33.3%

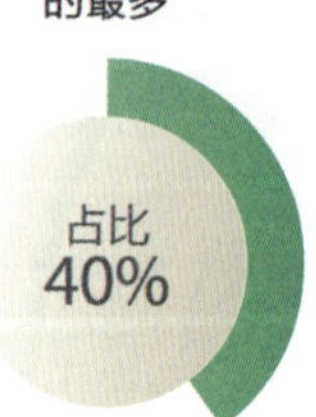

调查结果显示，八成(82.2%)成年人已处于或正接近“过劳”状态；近七成(66.8%)人表示自己身体有各种各样的“毛病”或是正处于“亚健康”状态；仅3.6%的人“从未出现过任何亚健康状况”；仅7.8%的人“没有任何疾病或疾病征兆”……

数量如此庞大的“过劳”人群让我们找到了同病相怜的“小伙伴们”，真不知道是幸运还是不幸。

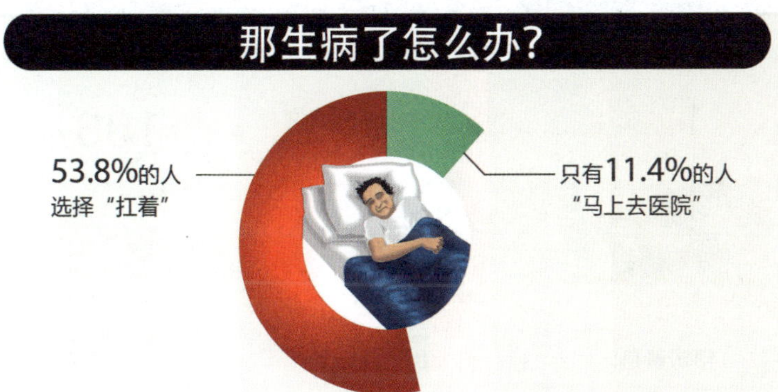

年轻人依仗自己身体素质好，遇到生病的状况大部分都会选择扛着，于是很多小病留下了病根，长期加班更是给很多人留下了可怕的慢性病。其实经常被忽视的慢性病才是最大的杀手。

年轻时拿命换钱，年老时拿钱换命，这是中国职场人生活的典型写照，即使不想这样，很多人也没有选择的余地。如果老板要求加班赶工，又有几个人敢说“不”？不管你们敢不敢，反正我要去加班了。

中国人的医疗花费

应该怎么花医疗经费？

1块钱

预防费用

8.5元

治疗费用

100元

抢救费用

世界卫生组织调查显示，达到同样健康标准所需的预防投入与治疗费、抢救费比例为1:8.5:100，也就是说，只要在预防上多投入1元钱，治疗就可以减支8.5元，并节约100元抢救费。

但是由于平时不注意，加上遗传病、慢性病等等因素，让很多人直到最后扛不住了才去医院，于是大量的医疗花费用在了临死之前。平时对健康的疏忽其实让很多中国白领都处在带病上岗的状态之中，因此生活质量也受到了严重的影响。

小病扛着，中病随便看看，大病使劲花钱治，治不好就挂了，你觉得这样划算吗？

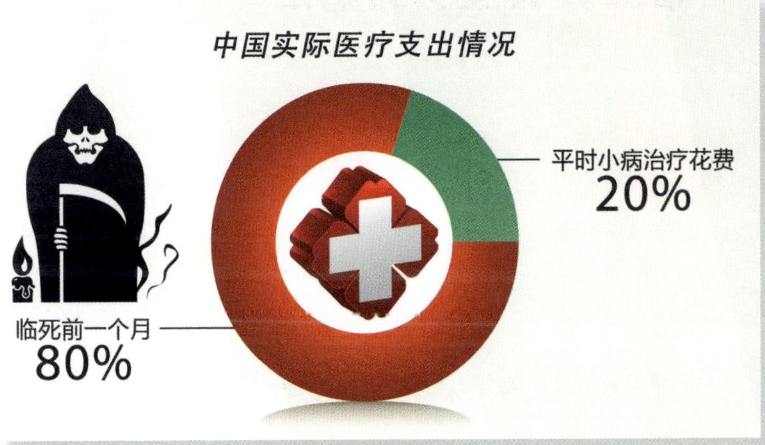

加强预防、重视小病，其实可以挽救许多年轻的生命。

如脑膜炎有可能由普通的感冒引发，或者存在并发呼吸道感染等常见的症状，因此很容易被忽略掉。如果及时就医做全面检查还可以预防或及时治疗，否则将会引起严重后果，造成终生智力低下甚至死亡。

许多其他类似的严重疾病初期都会表现为常见的感冒、发烧、头疼等症状，而我国白领阶层由于工作忙、没时间、劳累等原因往往自己硬扛，或者根据以往经验随便吃点药了事，这也是“过劳死”发生的重要原因。

“过劳”的中国上班族，再苦也别拿命开玩笑，有病，得治啊！

第二节 挣多少才够花？

大部分国民都反映："太累"，那么如此辛苦地工作是否能够为我们换来富足的物质生活？

近年来，我国居民生活水平不断提高，是不可否认的事实。但是，在全球一体化进程不断加快的当今，整个人类社会都在不断进步，比起曾经只求温饱的简单需要，如今的人们在物质上和精神上，都有了更高的诉求。

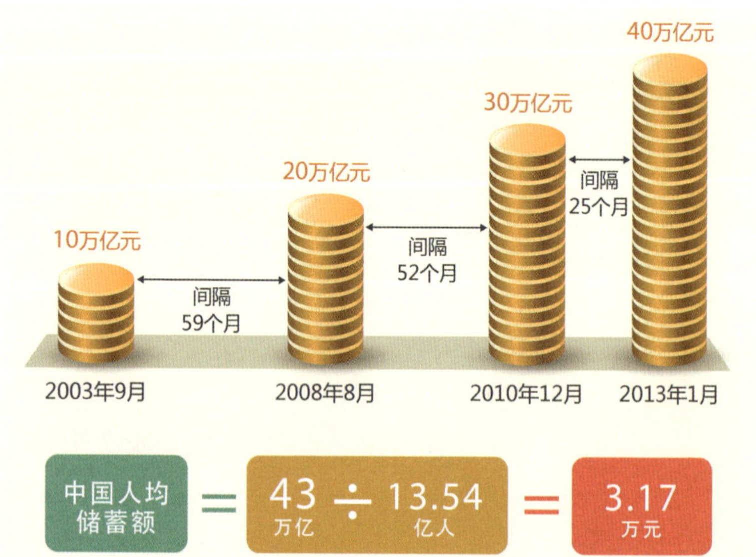

中国居民储蓄余额近几年增长迅猛，2013年更是连续突破43万亿元。十年来中国居民储蓄余额增长十倍有余。

几十年前，“万元户”还是个了不起的称谓，如今我们人人都成了“万元户”，可谓有了长足的进步。但是人均3.17万元真的很多吗？

我们来算笔账：

在二三线城市办一个稍微像样的婚礼，一切以一般标准的下线来制定，轻轻松松就能花掉五万，两个人凑凑钱好好计划一下还能剩一点去周边城市蜜月旅行一下，花的稍微超点蜜月也就省了。至于普吉岛、马尔代夫、爱琴海之类高端、大气、上档次的地方，还是在梦里去吧！

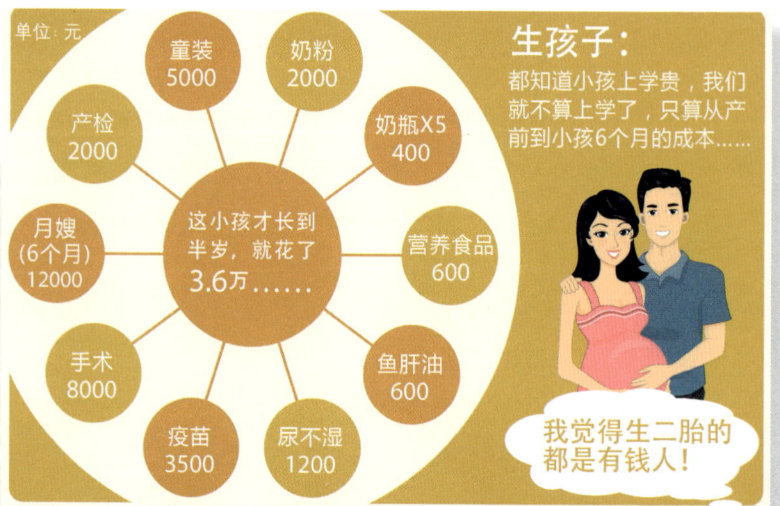

结了婚之后首要大事就是生小孩，可是孩子不是你想生，想生就能生的。作为人生中的关键阶段，一般家庭都会对这个环节比较重视。结果稍微在意点花销就大了，几万块钱轻松消失，这还不算上学以后各种学杂、教辅费用。

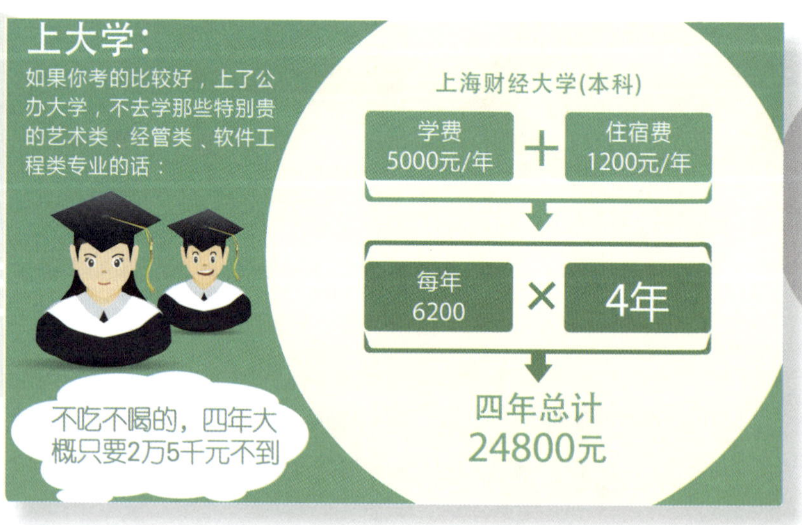

孩子身上的花费可谓是个无底洞，辛辛苦苦养大了还要上大学，四年大学读下来至少也要消耗掉两万多元，谁让咱是亲爹妈呢？如果生活费爹妈实在负担不起了，孩子们就多打点工养活自己吧，爹妈只能帮你们到这了！

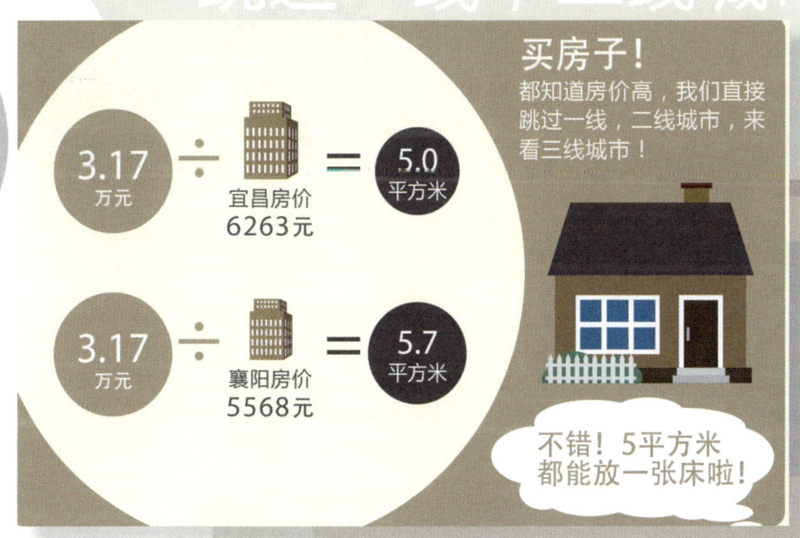

至于房价，只能说二三线城市累死累活还有希望拥有一个自己的小窝。不幸生活在一线城市的话……不啃老就只能“呵呵”了。

生活必需品的价格高，是不是其他东西就便宜了呢？

曾几何时，大家对国外产品的印象一直都是昂贵而优质，那时候国内商品也的确是经济实惠。然而随着几十年来经济的高速发展，我们渐渐发现我们身边的东西价格与国际接轨了，甚至同一个品牌一模一样的东西卖得比国外还贵。

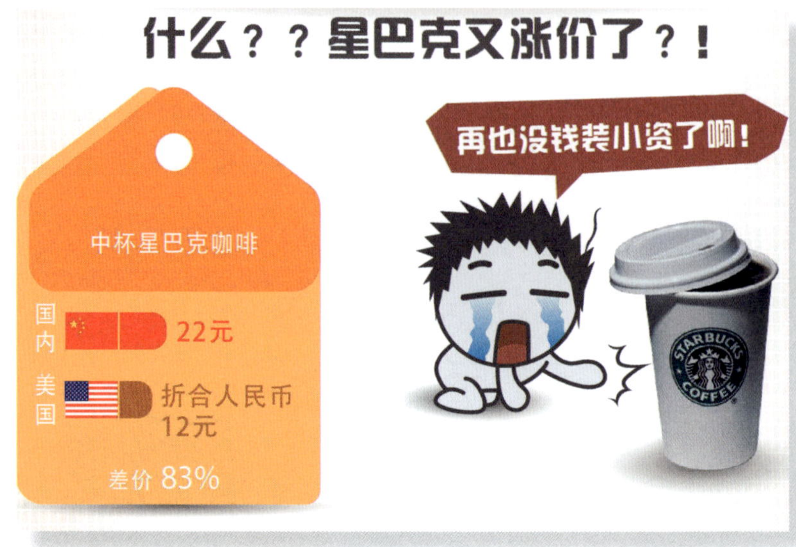

不只是星巴克，其他国际连锁咖啡品牌的同一产品在中国的价格也比国外要高出不少。

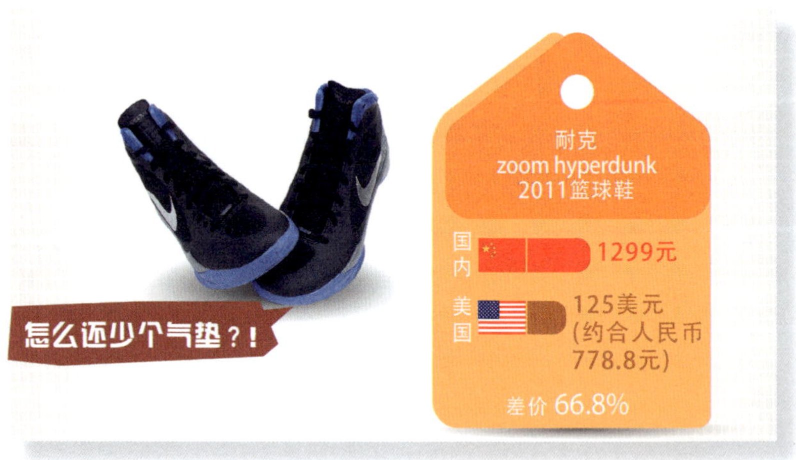

此前耐克虚假宣传的新闻爆出之后不禁让人吃惊，原来在中国少一个气垫的“低配版”居然比美国本土的“高配版”球鞋卖得更贵。于是不禁让人发问，还有哪些品牌在国内买的更贵呢？

看来连锁品牌在中国价格更高的现象比较普遍。那么好吧，这些外国牌子在中国买的贵一些貌似也可以理解，毕竟漂洋过海，路途遥远。可是您相信中国本土品牌会在中国卖得更贵么？

结果，还真有一些。

为什么一样的东西在中国就要更贵一些呢?

主要有下面几方面原因:

(1)流通成本高

以前我们认为出口国外的产品因为运送距离远所以应当更贵，现在这种思维已经过时了。由于国内油价高、过路费高等原因，抬高了物流成本，比如：从广州到北京的运费要甚至高于从广州到美国的运费。在流通的其他环节，比如批发商的库存成本、零售商的房租等都在不断上升。而且一些商品进入超市或商场还需要支付几十万的进场费，这让很多企业宁愿做外贸也不愿做内销。

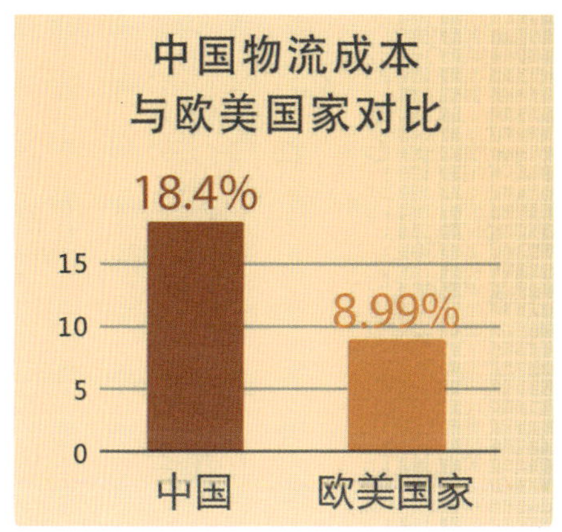

（2）税费较高

2010年，我国各项税收合计73202.3亿元，其中属于商品和劳务税的国内增值税为21092亿元，国内消费税6071.5亿元，营业税11157.6亿元，三项合计38321.1亿元，占各项税收总额的52.3%。倘若再加上2027.5亿元关税，合计40348.6亿元，占各项税收总额比重达到了55.1%。

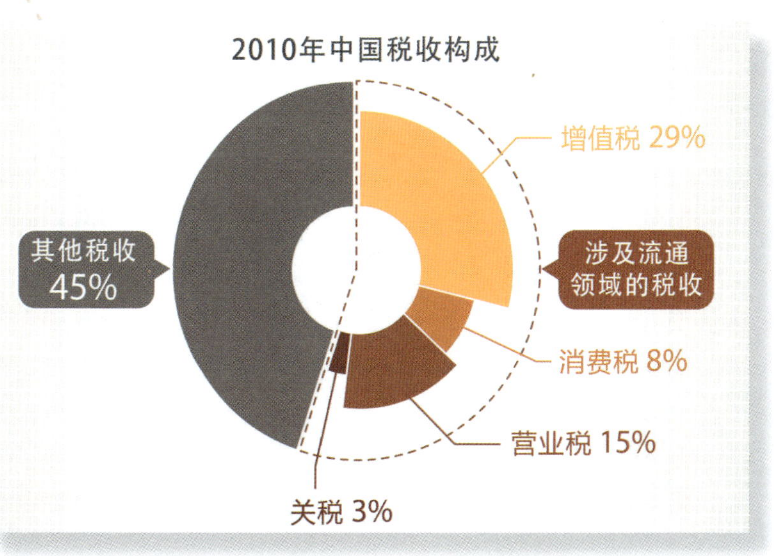

营业税 15%

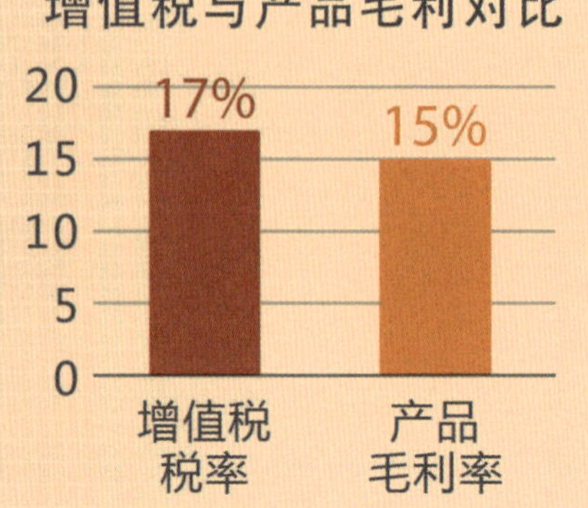

联想公司曾经声明，联想电脑在国内没有办法卖得不贵，有17%的增值税必须加到价格里面，但产品毛利率只有15%。

（3）品牌定位

由于某些国外品牌进入国内较早，当时国内消费品发展尚不成熟，所以那时这些外来品牌被视为奢侈品。在市场经济发展起来之后，这种品牌定位依然被保留，于是出现国内价格高于国外的情况。如哈根达斯等品牌就是这种情况。

当然，买东西还是要花钱的。来看几个国家的人均国民收入吧！

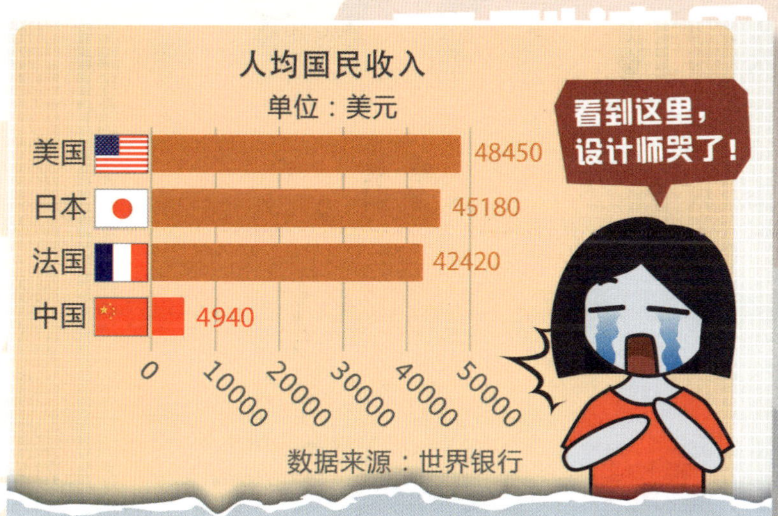

东西又贵，钱又挣得少，那么为什么开头却说我们的存款数量增加迅猛呢？存款数额大难道不是说明我们的生活质量已经很高了么？

错！因为我们的储蓄大部分是“预防性存款”！我们中华民族的优良传统，永远都有忧患意识，想想结婚、生子、买房、上学……任意一件事情，就可以在一夜之间掏空你的所有积蓄。而且你还不能生病，不能失业，不能出意外……**所以有点闲钱的话，当然先攒起来再说！**

结婚　生子　上学　买房

压力重重，有点闲钱，先攒起来再说！

要想安心的生活，你觉得银行里存3万够么？除非打算这辈子孑然一身，潇洒自在，不然总是要为将来预备着。大部分收入不够高，又想过普通日子的同志们，花钱这件事，还是再忍忍吧！

本章结语

人生在世，都不容易。

作为城市人口的主力军，白领们辛辛苦苦挣钱，点点滴滴攒钱，仔仔细细花钱，生活的压力确实非常大。

人往高处走，我们总是希望自己的生活能够越来越好，可是除了努力赚钱，做好理财计划之外，身体才是革命的本钱。物价再高，压力再大，钱却是挣不完的，总要先保证健康才有其他的一切，你说呢？

工作时合理安排时间，提高时间利用率，注意劳逸结合；业余时间注意健康饮食，加强锻炼。这才是高品质的生活状态。

压力重重，有点闲钱，先攒起来再说！

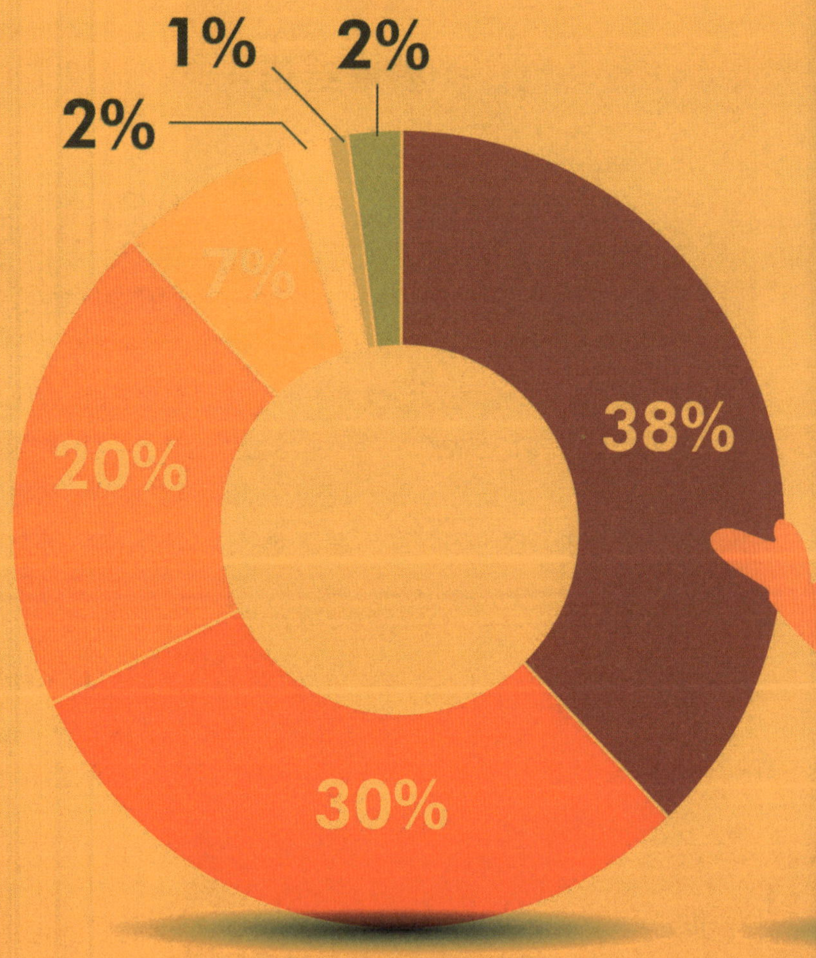
1%
2%
2%
7%
38%
20%
30%

第二章：好工作，你在哪

想当年，挥斥方遒，无惧高考之艰险，杀入“大学”的独木桥，自以为今后将踏上一条平坦大道，光明就在眼前，天之骄子的美梦马上可以实现。谁知高考根本不叫事儿，美梦还远在天边，“毕业=失业”却成为了我们新一代大学生的噩梦。

怎么办？找工作是体面重要还是收入重要？是学以致用重要还是找到什么先干着再说？工作后每年能否加薪？难道真的像网友们说的一样大学毕业收入还不如农民工，不如直接就去搬砖？

第一节 就业难，难于上青天！

2013年是史上大学生最难找工作的一年，全国高校毕业生总数达699万人，比2012年多出19万人，就业压力空前巨大。因此，这一年也被称为“史上最难就业年”。而2014年就业，更号称“没有最难，只有更难”。

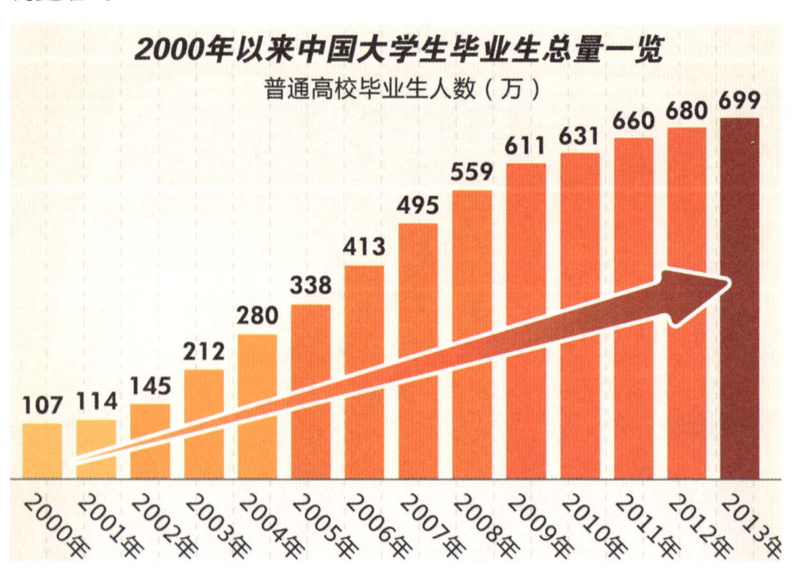

根据第六次人口普查报告：宁夏回族自治区总人口630万人。而2013年的毕业生相当于一个宁夏回族自治区的人还多，是10年前的3.3倍，是日本毕业生的10倍。

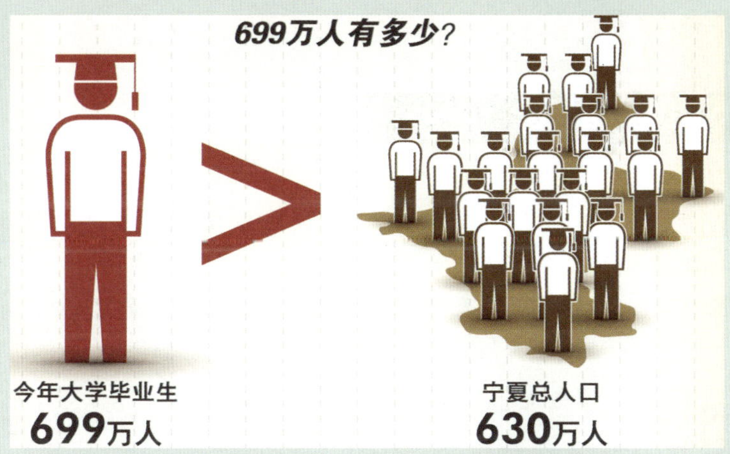

2013年恰逢我国经济下行，一面是毕业生数量持续增长，一面是就业需求缩减，大学生就业情况在2013年背腹受敌。

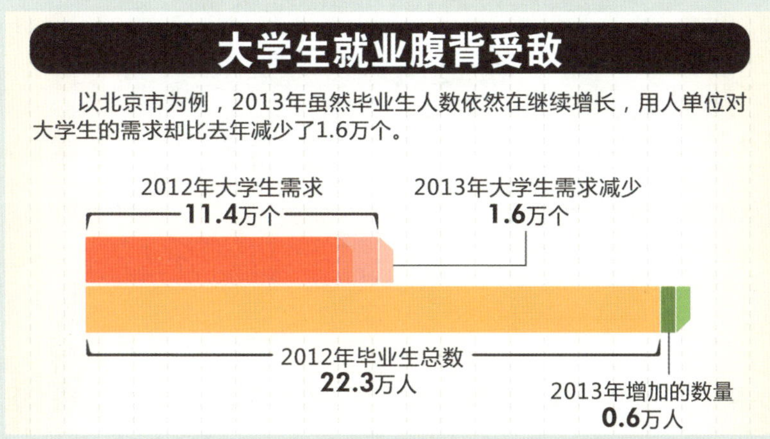

众人挤上独木桥获得大学文凭就是为了能够顺利找一份好工作，然而毕业之后就业却还是面临独木桥，众多毕业生出于就业压力不得

不“被考研”、“被考博”、“被考公务员”，以提高就业竞争力。

可是传闻让众学子们大吃一惊，据说学历越高失业率越高，大学毕业生的失业率比小学毕业生的失业率还要高上好几倍！天哪，那我们这些年的圣贤书岂不是白读了？

失业率数据

西南财经大学中国家庭金融调查与研究中心《中国城镇失业报告》显示，随着受教育程度的增加，21~25 岁之间的青年劳动者失业率逐渐上升。小学及以下受教育程度的青年劳动者失业率仅为 4.2%，初中及高中受教育程度的青年劳动者则约为 8%，大专受教育程度的青年劳动者失业率迅速增至 11.3%；大学受教育程度的青年劳动者失业率则进一步攀升，达到 16.4%，远远超出平均水平。

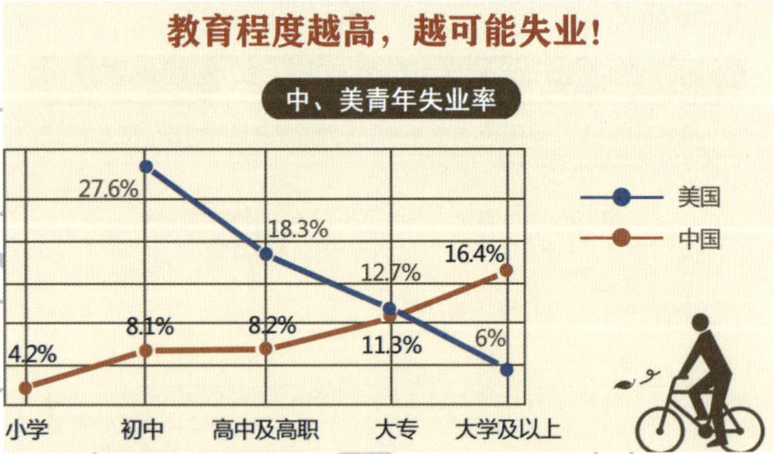

教育程度越高，越可能失业！

中、美青年失业率

美国
中国
27.6%
18.3%
12.7%
6%
4.2%
8.1%
8.2%
11.3%
16.4%
小学
初中
高中及高职
大专
大学及以上

在中国受教育程度越高越可能失业，但是美国却正好相反，越是高学历的人才越是容易找到工作，这究竟是为什么呢？

在美国，学历越高失业率越低。

为什么在中国，大学生的失业率会这么高？？？

第三产业不发达　结构性问题之一

第三产业就是通常所说的服务业，它对整个经济的作用举足轻重。在很多国家，第三产业都是最主要的工作机会来源。

国内第三产业每增长一个百分点，能带动70万个就业岗位。

在我国，产业结构优化还不完全到位，消费在GDP之中所占比例非常小。在过去的几十年里，更多的钱被用在投资上，依靠大量的基建工程拉高的GDP，让消费水平难以提升。

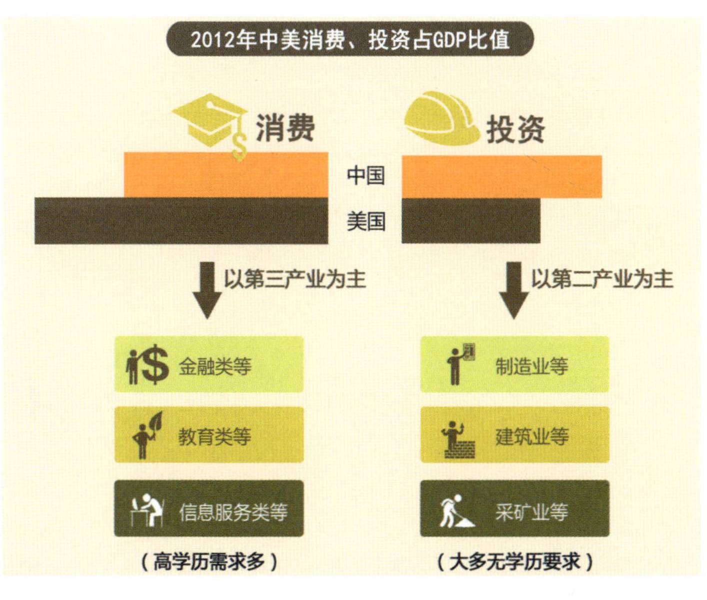

有人可能觉得和美国相比不太公平，毕竟美国是世界第一大经济体，那么和其他国家相比，我们的第三产业到底怎么样呢？

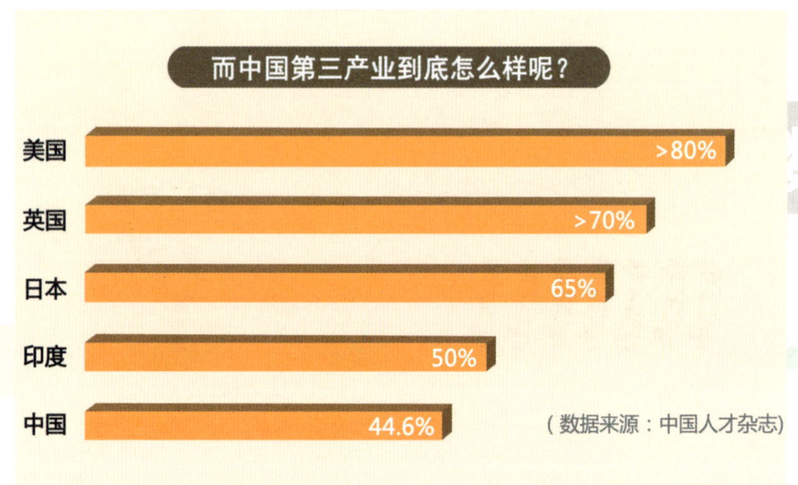

近年来我国第三产业虽然逐渐兴起，但是目前发展水平甚至不如我们的邻居印度，可提升空间非常大。经济结构性失衡的后果之一，就是第三产业不振。而大学生毕业后很少愿意从事技术含量较低的基础行业工作，因此导致大量大学生没办法找到满意的工作。

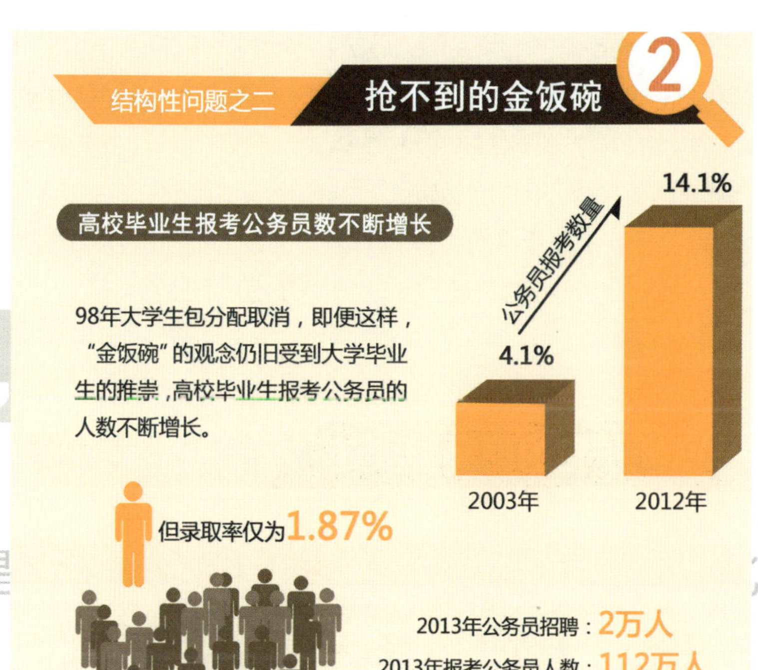

年轻人盲目“求稳”似乎成了中国特色，部分年轻人对稳定的追求让他们对公务员岗位趋之若骛。

高校毕业生数量增加，体制内岗位减少

高校毕业生数量（右标轴）　国企政府提供的就业机会占毕业生总数百分比（坐标轴）

年份	2007年	2008年	2009年	2010年	2011年	2012年
国企政府提供的就业机会占毕业生总数百分比	3.2%	2.1%	3.1%	2.1%	1.7%	1.6%

大家都想削尖了脑袋钻进政府部门、企事业单位和国有企业，但是这些部门的容纳量终究有限。一方面是公务员和企事业单位稳定、体面的生活，一方面是体制内岗位的稀缺，造成了大学生就业的第二个结构性问题：抢不到的金饭碗。

近几年全国每年平均约有97万人参加公务员考试，录用比例53∶1，竞争最激烈的岗位甚至超过四千人争抢一个空缺。

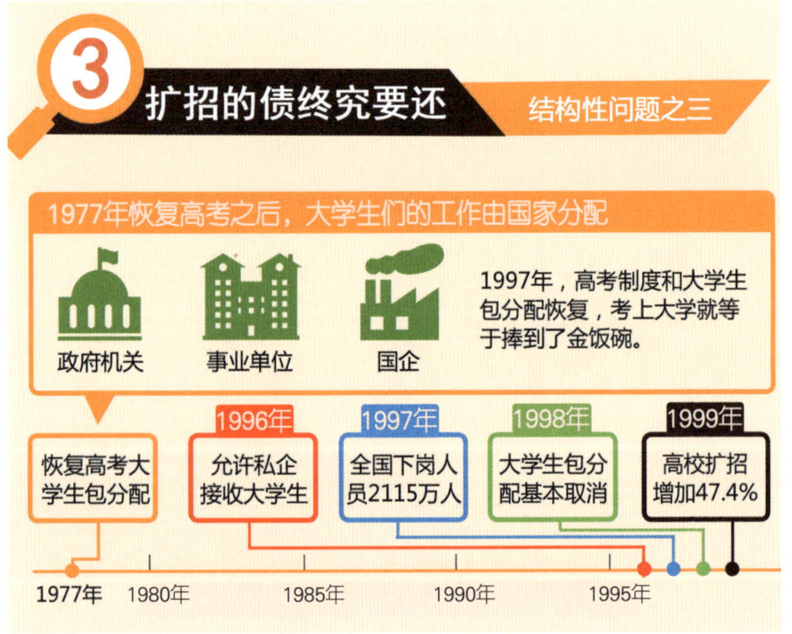

曾几何时，大学毕业生是包分配的，而且一般都能够分配到比较优秀的岗位。可惜我们生不逢时，尤其是可怜的“80后”，读小学的时候读大学不要钱，读大学的时候小学不要钱，把学习的投资都花出去之后，工作也不分配了。

1998年起，国家取消了大学生分配工作的制度，当年有70%的大学生自主择业。

1999年，大学就在“拉动内需、刺激消费、促进经济增长、缓解就业压力”的方针指导下，开始大规模扩招。

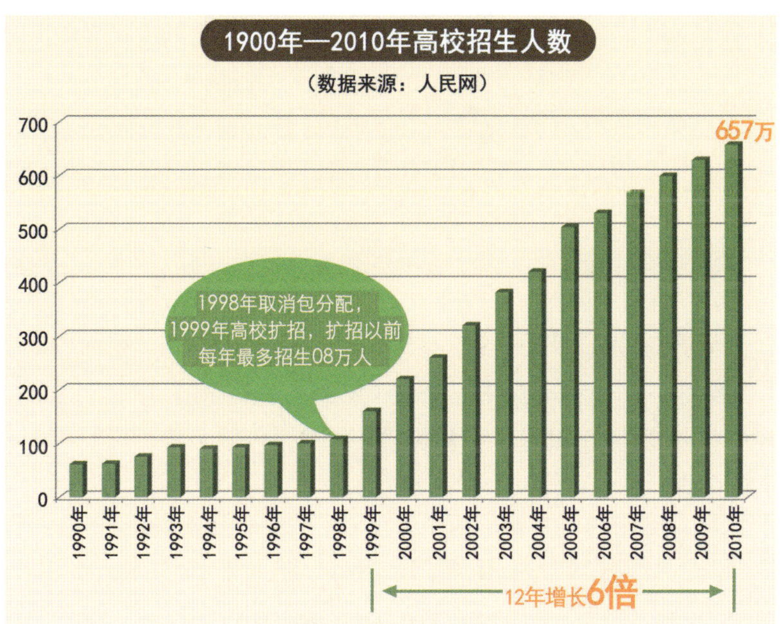

但是用扩招的方式缓解就业压力，只能是将问题拖后几年解决而已。1999年之后的12年时间里，大学招生人数增长了6倍。同时大学生也从当年的“天之骄子”，变成了现在的“蚁族”。

大学生就业难，看起来原因错综复杂，其实本质上是由于正常的人才供求关系发生偏差导致的。一方面是第三产业不够发达，无法吸纳这么多大学生；另一方面是大学不断扩招，对职位的需求量日益增长；再加上体制内金饭碗越来越少，让大学生就业成了全社会头疼的问题。

第二节 选择职业真纠结

俗话说男怕进错行，女怕嫁错郎。如今男女都一样，都要为选择职业纠结。第一份职业在很大程度上影响了未来的职业规划，因此大学毕业生最纠结的就是如何能够选择一个有潜力的行业，进入一所优秀的企业。

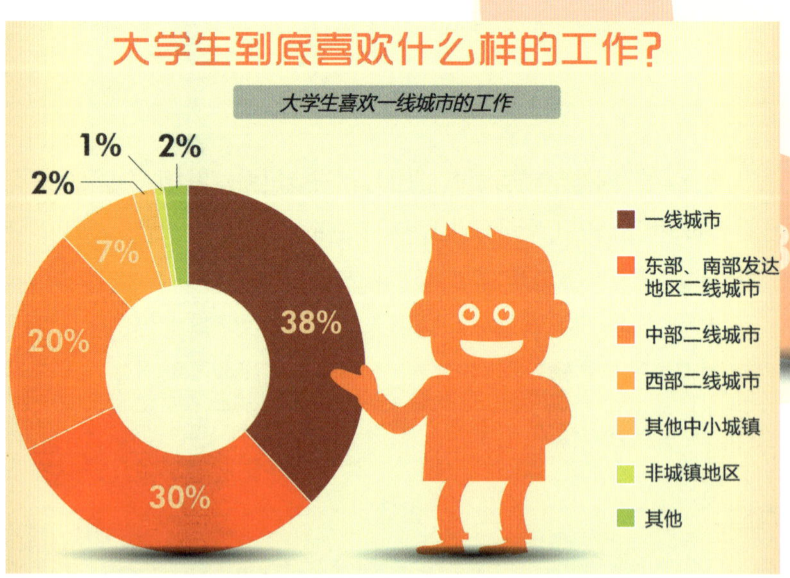

大学生工作首选一线城市，而相比之下，三个一线城市之中，北京最受欢迎，全国有26.3%的大学生希望毕业后到北京工作。上海对本地大学生的吸引力明显减弱，从2012年的72.2%下降到2013年的38.2%。

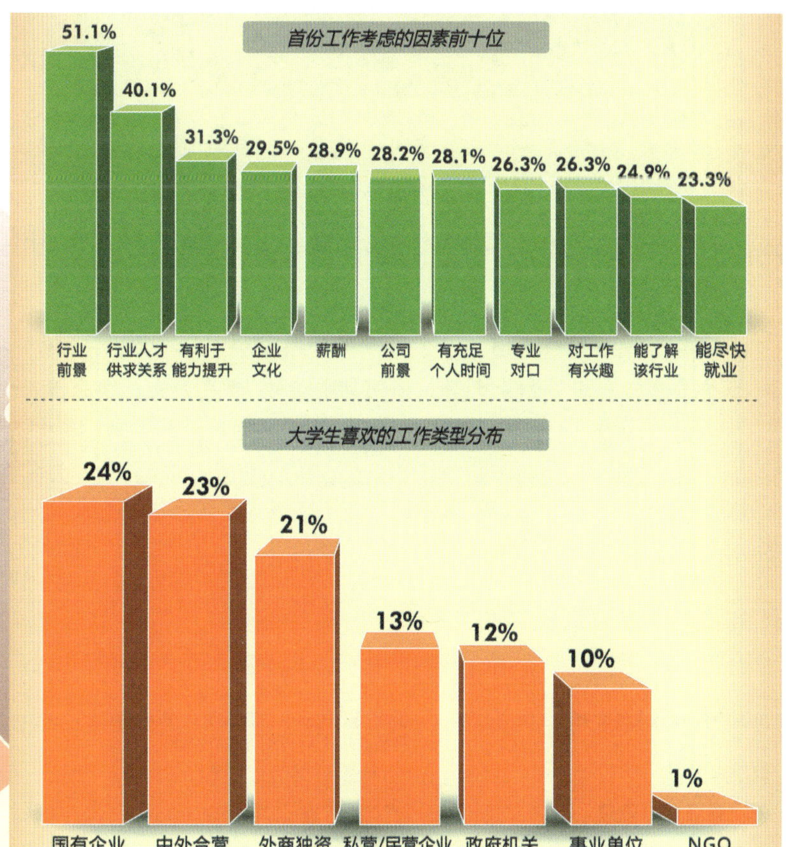

大学生择业时对国企的偏爱程度，和经济周期有很大关系。在2009年金融危机爆发时，大学生选择国企的意愿曾经一度高达35%，可见国企高收入、工作稳定的特点对大学生的吸引力非常大。

而引人注目的是，NGO开始出现在大学生求职意愿之中。这表明

中国大学生就业开始日趋多元化，更说明了除了收入和体面之外，中国大学生对公益事业的关注度也在提高。

小贴士：NGO是什么？

"非政府组织"是英文Non-Governmental Organizations的意译，英文缩写NGO。

"非政府组织"一词来自国外。据考证，这一词汇最早出现在1945年联合国成立时的一份重要文件里，当时主要指那些在国际事务中发挥中立作用的非官方机构，如国际红十字会、救助儿童会等，后来成为一个官方用语被广泛使用，泛指那些独立于政府体系之外具有一定公共职能的社会组织。1995年，北京举办第四届世界妇女大会，因同期举行的"世界妇女非政府组织论坛"，而使"非政府组织"这一词汇在中国推广开来。

最火的行业是什么？公务员独占鳌头！

全国约有97万人参加考试，录用比例

53 : 1

国家民委民族理论政策研究室科研管理处主任科员及以下职位报考比例最高，为

4124 : 1

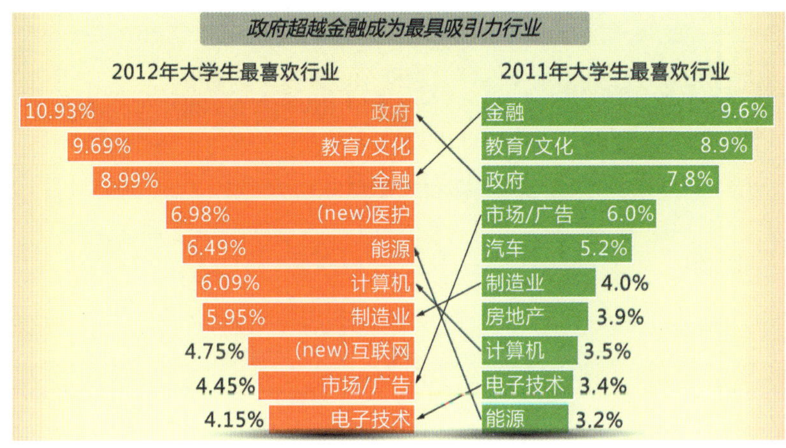

后危机时代，金融业大不如前，多年以来一直处在第二第三位的政府机关一举超过金融业成为最受大学生欢迎的行业。高工资和体面相比，似乎落了下风。

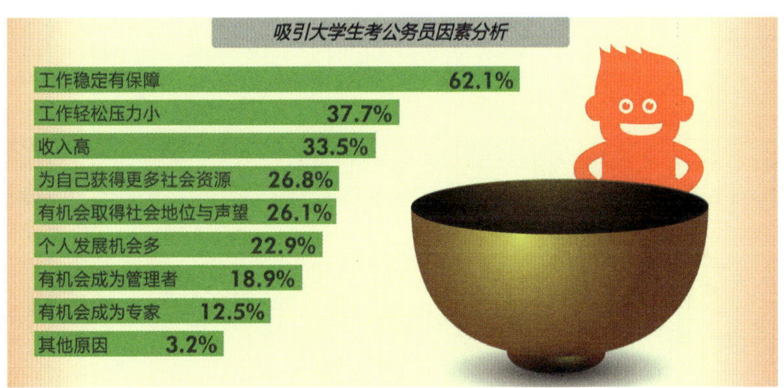

但是，随着各项禁令的出台，公务员福利待遇越来越少，基层公务员的工作强度偏大等"抱怨声"从各地传来，甚至有一部分公务员放弃了人人艳羡的"金饭碗"，辞职下海经商。

今后的公务员工作，还会是大家艳羡的"金饭碗"么？

不过，不管公务员现在难不难当，一般人是考不上的，更多的毕业生还是要在企业里工作。那么哪种企业最受欢迎呢？

那些比谷歌更受中国大学生欢迎的企业

2012中国大学生最佳雇主 top10

1	2	3	4	5
中移动	宝洁(中国)	百度	谷歌	华为
6	7	8	9	10
联想	中石油	中行	国家电网	微软(中国)

其中神一般的中移动从2008年开始到2012年连续5年登上中国大学生最佳雇主榜榜首，令人惊叹。而奇怪的是，全球最佳雇主谷歌，似乎在中国有些水土不服，甚至连它的竞争对手百度都比它排位更靠前。

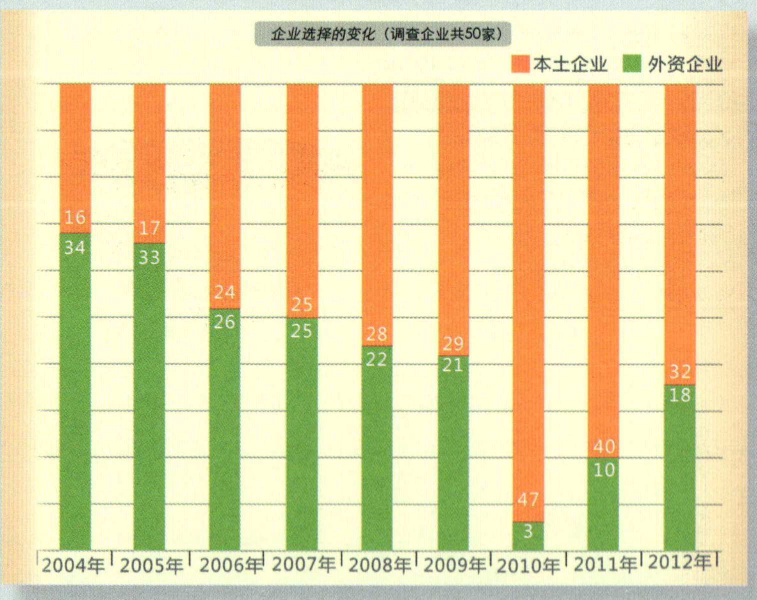

金融危机之后，外企掀起了裁员热潮，导致2010年最佳雇主top50只有三家外企上榜，本土企业一度超越外企，遥遥领先。

虽然，外企势头在2011年、2012年快速回升，但是依然不敌国企地位，追求稳定已经成为大学毕业生不可动摇的选择。当然，年轻人择业的选择背后同样反映了家长们的指导意见：“你看谁家那小谁，考上了咱市里的公务员啦！今儿看见他妈，别提多神气了！你也别瞎投简历了，拿出当年高考的劲头，也考一个公务员去！考不上公务员好歹也进一个国有企业吧？”

家长的想法当然也不光是为了攀比，这种心态的背后，还有国有企业待遇的诱惑：

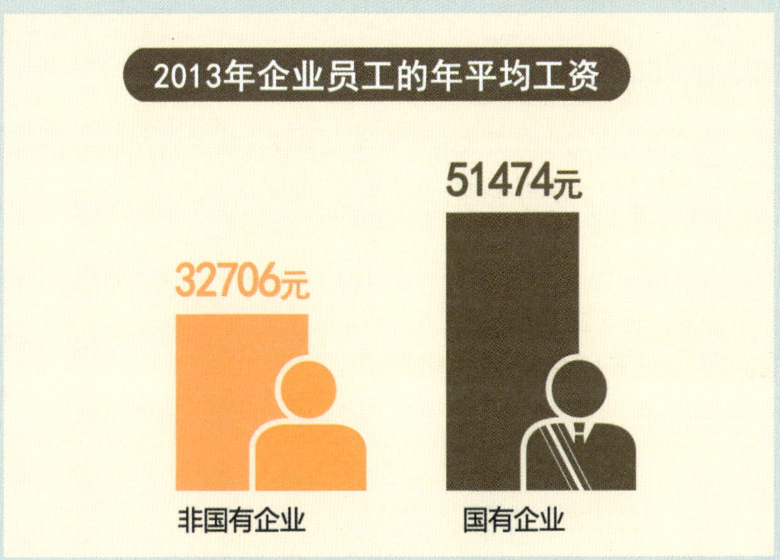

公务员岗位竞争压力极大，且报考有条件限制，国企的招聘条件则放宽很多。况且国有企业职工与公务员一样，养老金由财政部门出资，退休职工可领取退休前工资的80%~100%。所以，国有企业也是大学生最想要就业的单位之一。

某网友说：“不是我不敢奋斗，想要安逸，实在是现在连找对象都要求对方在政府机关或事业单位工作，最不济也得是个国企员工啊！”这种情况不在少数，现在甚至在政府机关、事业单位和国企工作已经成为了一大部分家庭条件良好的女性的择偶基本标准，没有稳定的工作和福利保障，其他都免谈。

小贴士：关于就业的谣言粉碎机

谣言1：党员就业更容易。

辟谣：除了某些政府机关单位或特殊国企之外，其实党员对于就业并没有特别大的帮助。

谣言2：文科生不好找工作。

辟谣：事实上文科生和理科生就业情况差不多，甚至就业率还略高一些，但是理科生的起薪可能会高一点。

谣言3：父母收入高，毕业生收入也会更高。

辟谣：父母的职业对进入某些政府机关单位或国企可能略有帮助，但是收入高低对就业后的收入确实没什么影响。

谣言4：大学成绩好，就会更容易找工作。

辟谣：大学成绩和能否找到工作、月薪水平等并不挂钩。

面对就业困境，迷茫是不可避免的。但是无论如何，需要保持一颗理性的心，这样才能明确自身条件，找准定位，不被谣言所欺骗。

第三节 工作后，努力为加薪！

应届生找工作不容易，高不成低不就难免就会剩下来。可是，一大批“低就”了的普通大学毕业生面对微薄的薪水，苦恼并没有比失业少一些，基本每天在心里长吁短叹盼加薪是少不了的步骤。

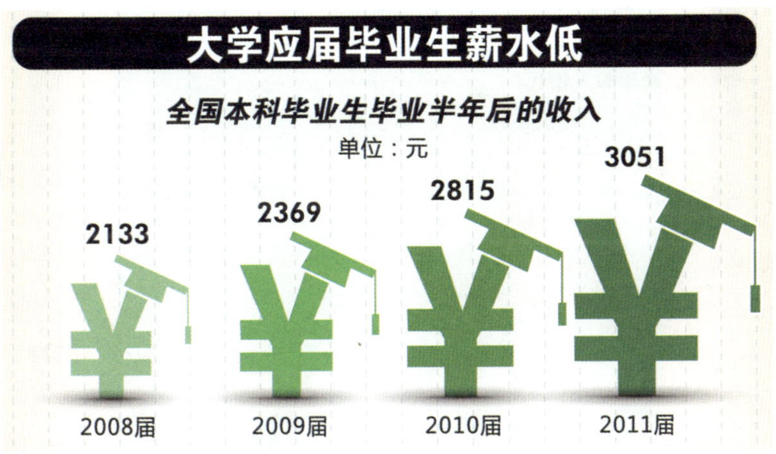

2008年之后本科生毕业半年之后的工资收入一直在增长，但是2012年受到经济形势的影响，数据并不乐观。

2012年，外出农民工人均月收入水平2290元，但是2012届本科毕业生中，69%的起薪不到2000元，低于农民工月均收入水平。而且，作为一个整体来看，似乎大学生和农民工的起薪越来越接近了。

大学生就业真实现状：熬过前三年就是春天

不少媒体一直在渲染大学生起薪不如农民工之类的说法，实际上这种说法忽视了另外一个事实：大学生工资增速远超过农民工.

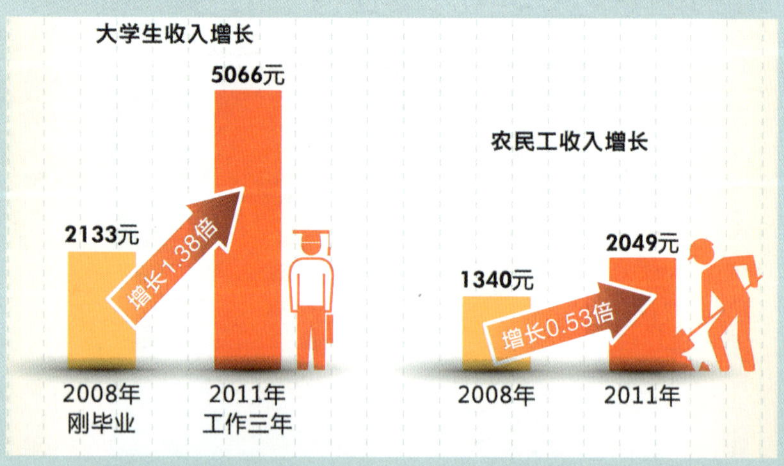

只要熬过前三年，大学毕业生工资一般会翻一番左右，此时大学生已经有了一定工作经验，在职场上就已经具备良好的竞争力了。

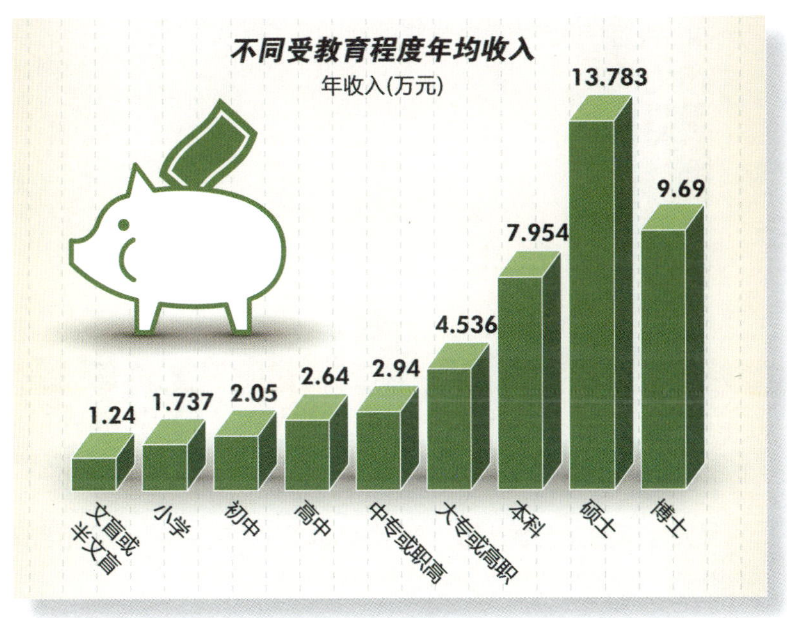

上大学的教育投入其实是有良好回报的，虽然在刚刚就业初期优势并不明显，但是如果看全社会平均水平，会发现学历和收入严重相关。所谓的读书无用论其实是一个谬论。在具备一定工作经验之后，高学历人才的职场竞争力提升非常明显。

与国内普通高校毕业生相比，近年来大批“海归”也成了求职市场一支生力军，这些镀过金的高学历是否能够成为加薪的一块敲门砖呢？

HR认为海归具有的优势有以下这些：

某大型集团HR分析认为，通过在海外的生活自理以及国外教育环境的影响，海归的规划能力和创造能力最为突出。

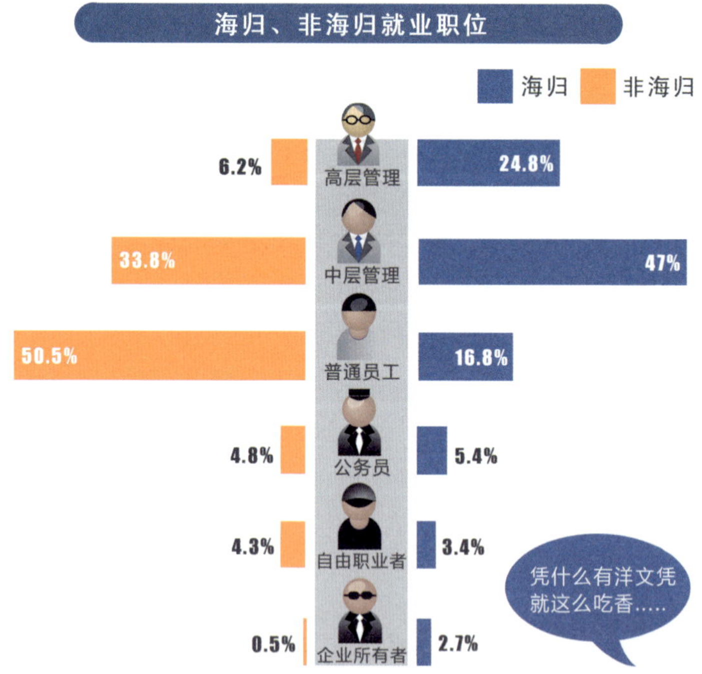

（数据来源：《2013海归就业力调查报告》）

企业貌似更喜欢有洋文凭的“海归”做管理层，这种对洋文凭的青睐，本质上仍然是文凭崇拜。学历越高越看好，越洋越受宠。所以，就算“海归”的第一份工作年薪不高，但就业前景却比非海归宽阔。

一项调查显示，“海归”回国后的第一份工作的年薪普遍不高，但随着工作经验的累积，薪酬也呈现出了非常大的差距。

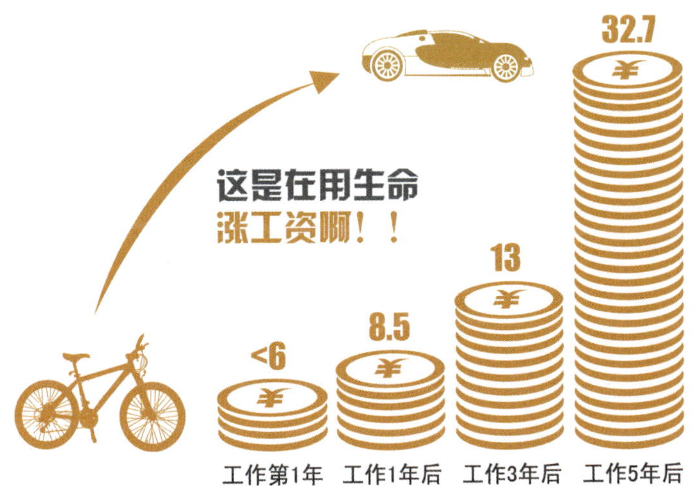

当然，由于近年来大量留学人员选择回国就业，有吸引力的岗位竞争压力也在加大，在没有选择到自己心仪的岗位时，不少“海归”在等待机会的过程中慢慢变成了“海待”。

无论是“海归”，还是国产大学生，工作之后对加薪的渴望都是一样的。加薪成了让现代白领听到最能够脸红心跳的词。

2013年受整体经济形势的影响，大部分企业选择了比较保守的薪酬策略。2013年初曾有报告预测2013年企业薪酬涨幅为8.6%，可是回头看看，你的薪水真的涨了么？

可是你的薪水真的涨了么

去年经济不好就没涨，今年又没涨……唉……

7.8%

2013前三季度GDP增速

2012年经济的疲软和就业状况不好就让很多白领放弃跳槽选择了留在现有岗位上，而2013加薪依然未能实现，薪酬水平已经成为白领择业最关注的要素。

影响白领族选择新职业的因素：

因素	比例
较高的薪酬水平	51.6%
多样的福利形式	47.4%
企业文化	46.4%
职业发展空间	40.2%
工作与生活的平衡	39.8%

不仅仅是薪水少，其实大部分职场人都会觉得所在单位薪酬分配

不公平，有的老员工依仗资历拿的更多，有业绩不如自己的人，拿的却也比自己多。还有的已经证明了自己的价值，却因为公司政策限制无法加薪……

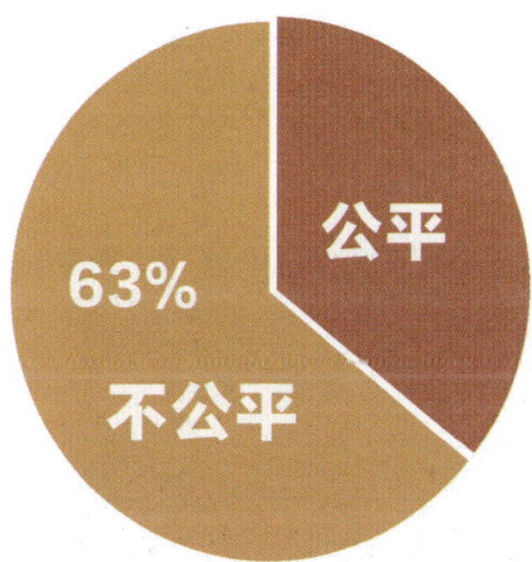

63% 的受访者感到自己所在单位的薪酬分配不公平。

为什么受伤的总是你？

你工作如此努力，却迟迟没有加薪？

你和老板谈薪水的方式真的正确吗？

错误一

我是老员工，求加薪！

如果谈了还是没有加薪怎么办

感觉和单位谈加薪困难的占 86%

跳槽原因
36%薪资福利不满意

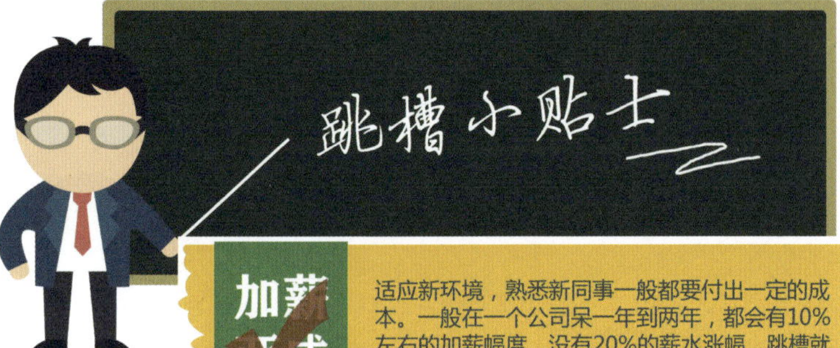

加薪两成

适应新环境，熟悉新同事一般都要付出一定的成本。一般在一个公司呆一年到两年，都会有10%左右的加薪幅度，没有20%的薪水涨幅，跳槽就有点不值得。

好离好散

离开一家公司时，保证自己的工作都已完成交接负责的项目都妥善安排好，尽量不要匆匆离开，同事一场，没准以后还要合作。人脉才是最重要的资源。可以和公司说好，未找到合适的再回来。

注意职业积累

离开一家公司前，一定要整理好在这家公司工作时的各种业绩、奖励、取得成绩的证明，同时盘点一下自己的资源，确保没有浪费掉这些经验。

裸辞最近似乎成了时尚，据调查55%的白领裸辞过。但裸辞的风险较大，而且如果你在较大经济压力下找工作，很可能因为着急而接受一份工资较低的，或者不理想的工作。

大学毕业生在加薪方面还是占一定优势的，而且学历越高越受优待，所以同学们不要妄自菲薄。努力提高自己，在工作中积累经验，并且运用适当的方法寻求加薪的机会，高薪梦想早晚都会照进现实！

本章结语

就业环境复杂难料，作者和小编其实和你们一样迷茫。追求稳定、有保障的生活是每一个理性人的选择。但是如今的事业单位大量转企，而国有企业也采用了正常的劳动合同制，用人模式与普通企业逐渐靠拢，“铁饭碗”辉煌不再。

世界上没有绝对稳定的工作，只有鼓起勇气不断面对挑战，用自己的双手创造财富，才能在任何环境之中立于不败之地。朋友们，and女性朋友家长们，铁饭碗也有生锈的时候，金饭碗也不会万年不变，个人能力才是最有力的“不锈钢饭碗”！

在“毕业就失业”的狂潮中，根据自身能力和特长，结合兴趣来选择工作更加靠谱。待遇只要不太差，有工作总比无业游民强吧？况且不论第一份工作是否符合心中所想，积累到的经验是别人拿不走的。努力才能盼来加薪，提高收入的机遇是要靠自己来创造的。

吐槽归吐槽，工作时还是要拿出点干劲儿来，总是自怨自艾的话，成功永远遥遥无期。

年轻人都在忙，
家里的老人谁来照顾？

第三章：如果有一天我们老无所依

2011年，城镇基本养老保险个人账户基金记账额为2.49万亿，做实账户基金规模为2703亿，空账额为2.21万亿。

——社科院：《中国养老金发展报告2012》

每个人家中都有老人，每个人也都会有老去的一天。养老金制度的建设和改革，是老百姓最现实、最直接、最关心的大问题。长期以来，关于养老金的问题一直争论不休，原因只有一个：大家都想知道我们的父母能否安度晚年，我们自己的未来又能否有保障？

第一节 养老金制度的前世今生

无论是发达国家还是发展中国家，制度的形成并非一日之功，而是要根据不同时期、不同阶段的国情，经过多次调整逐渐形成。

中国养老金制度的前世今生

建国之后	1951年国家颁布了《中华人民共和国劳动保险条例》。按照计划体制的要求，参照当时苏联的社会保障模式，建立了新中国最早的社会保障制度，保险费的筹集是公私企业统一按工资总额的3%缴纳的保险费，职工个人不缴费，退休待遇根据工龄不同而有所差异，在本人标准工资的35%~60%之间。
文革时期	"文化大革命"开始后，《劳动条例》被终止，具体主办养老保险业务的工会组织全面瘫痪，养老保险工作无人管理。
国企改制之前	十一届三中全会后，社会保障制度进行了一系列改革，基本上建立了以养老保障和失业保险为主的新的社会保障制度框架，退休职工养老金由国企负担，在计划经济时代政府投资比例较高，但是并没有为以后的退休职工留下足够的储蓄。
国企改制阶段	国企改制后不再由企业负责职工养老金发放，改为由国家社保部门统一发放。
市场经济时段	养老金改革之后，由于之前的遗留问题，现收现付的统筹基金不能完全满足养老金的支付需求，出现了"养老金空账"

我国养老金制度的形成过程是复杂而漫长的，是与国家其他政策的变化配套的。经过了几个特殊时期的多次摸索，才逐渐演变成了如今的养老体系。

现如今的养老体系理论上可以说是比较完善，但是在实施的过程中，仍然存在一些问题。

小贴士：我国现行养老金制度

经过近十年的改革与建设，我国新的养老保险制度已初步建立，形成了包括基本养老保险、企业补充养老保险和个人储蓄性养老保险为主的养老保险体系。

基本养老保险又称国家基本养老保险，是按国家统一政策规定强制实施的，以保证广大离、退休人员基本生活需要为目标的一种养老保险制度。其理论覆盖范围为城镇所有企业及其职工、自由职业人员和城镇个体工商户。

企业补充养老保险又称为企业年金，是指企业在参加国家基本养老保险的基础上，依据国家政策和本企业经济状况建立的，旨在提高职工退休后的生活水平，对国家基本养老保险进行重要补充的一种养老保险形式。它由国家宏观指导，企业内部决策执行。

职工个人储蓄性养老保险是由职工自愿参加、自愿选择经办机构的一种补充保险形式。

养老金覆盖了多少人？

根据劳动保障部数据：2013年，全国参加城镇基本养老保险人数为32218万人，参加基本养老保险的农民工人数为4895万人，参加企业基本养老保险人数为30049万人。总覆盖率为49.3%。

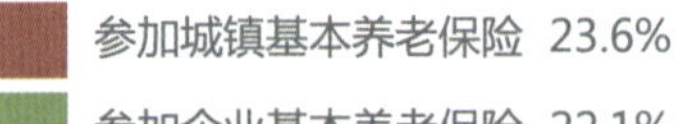

基于国家规定，城市居民，尤其是有单位和集体保障的居民绝大部分缴纳了养老保险。然而，广大农民朋友和个体经营者中的大多数并没有主动缴纳养老保险的意识，因为各种原因并未上缴的大有人在，甚至有人认为，有钱都攒起来慢慢花好了，干嘛要上交给国家，等老了再拿回来呢？

什么是养老金双轨制？

公务员退休金	工人养老金
养老金由国家财政负责	养老金由所在企业负责
1991年国务院下发《国务院关于企业职工养老保险制度改革的决定》，养老金双轨制的雏形开始形成。从此体制内外养老金待遇差距越来越大。	国企改制，在国企工作不足15年的需要继续缴纳养老保险，总共至少15年方可享受养老保险。
2005年各省、市又依据国务院国发《关于完善企业职工基本养老保险制度的决定》文件规定对退休金计发办法进行了修改，进一步拉大了双轨制的差距。	养老保险由企业和个人共同缴纳，企业缴纳工资的20%，个人缴纳工资的8%。交足15年方可享受养老金。

被保障人的工作单位性质不同，势必导致其退休金的承担者不同，例如民营企业、国有企业和国家公务员的退休金来源必然不会完全一致。

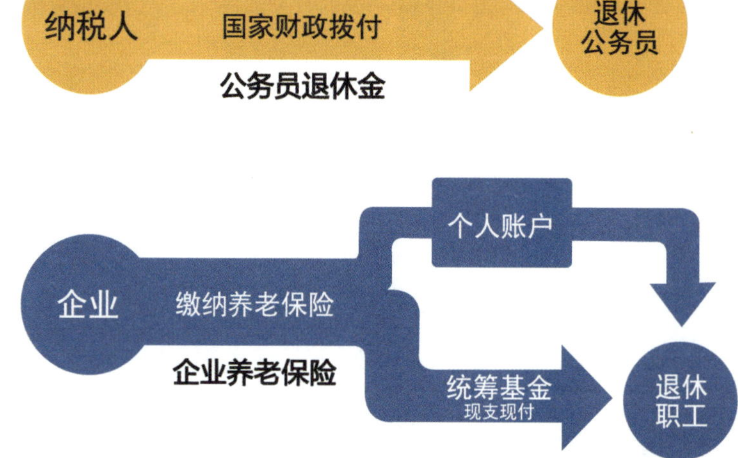

不同的养老金支付方式导致了不同人群的养老金替代率不同。养老金替代率代表着退休之后的生活条件与退休前的落差关系，替代率越高，生活条件越接近以往水平。

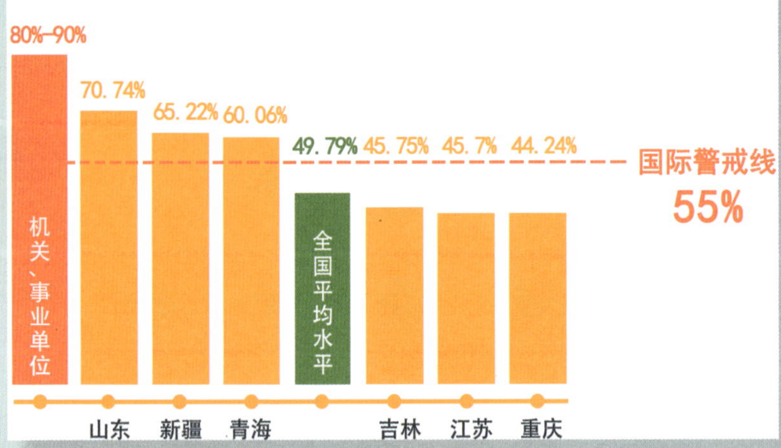

我国大部分省份企业养老金替代率的平均值仅为45%左右，低于国际警戒线10个百分点。也就是说，以往工资较高的员工退休后生活质量会大幅下降，而原本收入水平较低的员工退休后甚至要为基本的生活而发愁。

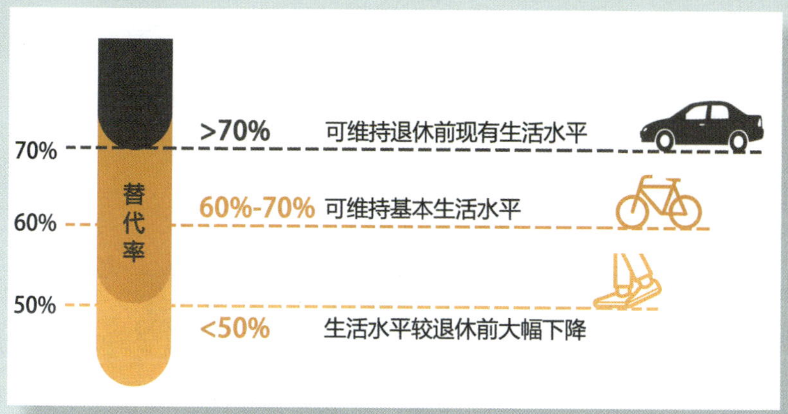

普通城镇企业员工养老金替代率低，而在比较长的一段时间内，公务员、事业单位工作人员养老金却由财政单独保障，其养老金替代率较高。一般工作人员与国家工作人员享受的退休保障待遇有差异，就是平时所说的“养老金双轨制”。

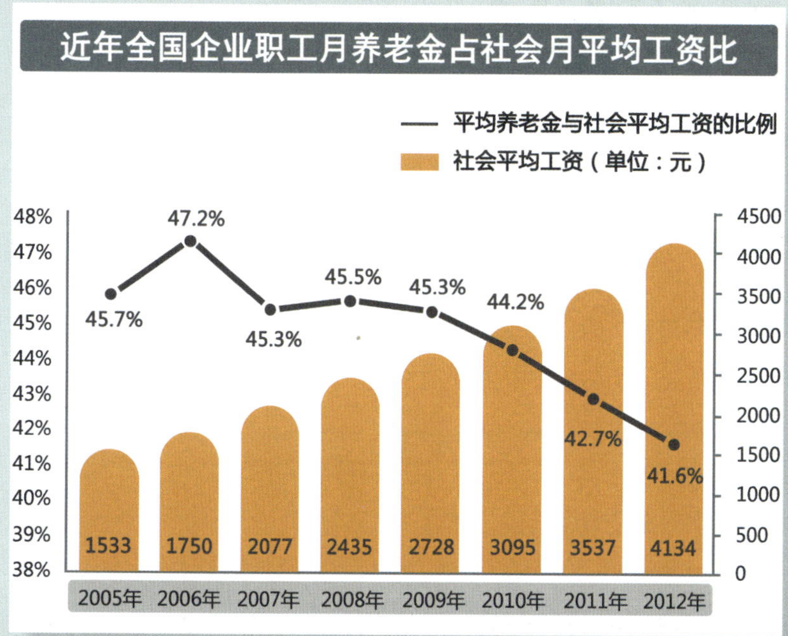

物价不断上涨，在社会平均工资不断上涨的同时，一般企业员工的养老金却相对增长较慢。眼看着靠养老金无法安心养老，企业员工当然“不淡定”了。数量众多的民众的“不淡定”引起了国家的注意，于是养老金“并轨”被提上日程。

养老金并轨，缺口会更大！

并轨之前：

养老金并轨是一个美好的设想，但是事业单位现在或近年要退休的人，他们以前并没有缴纳过养老保险，从现在开始缴纳也没有办法满足以后的所有支出。并轨之后，他们领取的养老金却同样不再是国家发放，而是从统筹基金里面拿。这样的话，养老金的缺口不但没有修补，反而越来越大！

理想总是很丰满，现实一直很骨感，“并轨”之后的统筹基金变得越来越“瘦”了。

并轨之后：

美好幻想……

事业单位员工也缴纳养老保险

残酷现实……

未缴养老保险的企业职工
+未缴养老保险的事业单位退休人员

一起“瓜分”养老金……

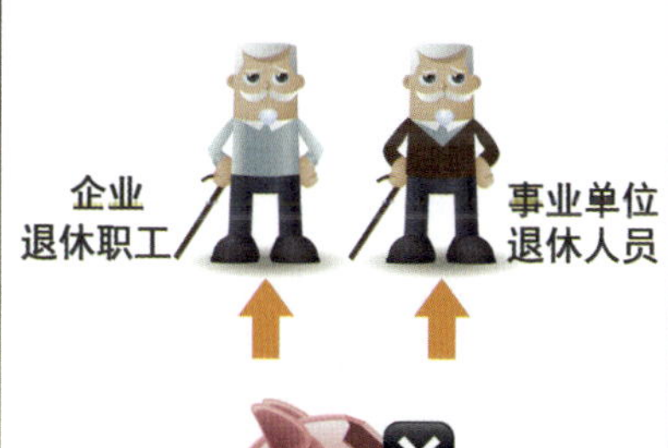

2014年7月1日开始实施的《事业单位人事管理条例》中针对养老金空账问题做出了新规定：“事业单位及其工作人员依法参加社会保险”。但是，事业单位现在开始缴纳养老金还是有些“来不及”。目前我国现有事业单位111万个，事业编制3151万人，在养老金并轨的过渡期，已退休人员按照原有模式领取退休金，新进职工进入公共社保体系，大量“中间人”的养老金仍然是一个难题。

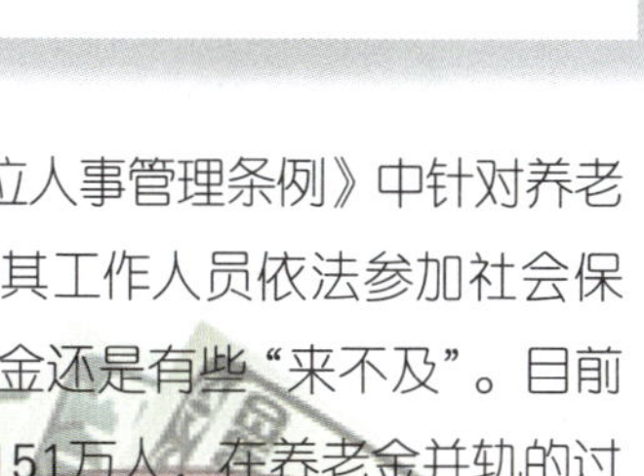

按照缴满社保15年才能领取养老金的话，“中间人”在并轨之前并未缴纳过社保，这样以来需要补齐的大量费用无论是单位承担，还是财政补贴，都是巨大的负担。这也是并轨面临最大的难题。

“骨感”的养老金账户不是一日“瘦”成的，也不可能马上“吃”回来，归根结底，空账的形成是历史原因积累的结果。

第二节 养老金空账从何而来？

"我国养老保险不是实行的现收现付制度，而是积累制，至少要积累15年。"
——全国总工会保障工作部副部长李志培

这是真的么？来让我看看养老金空账是怎么回事吧

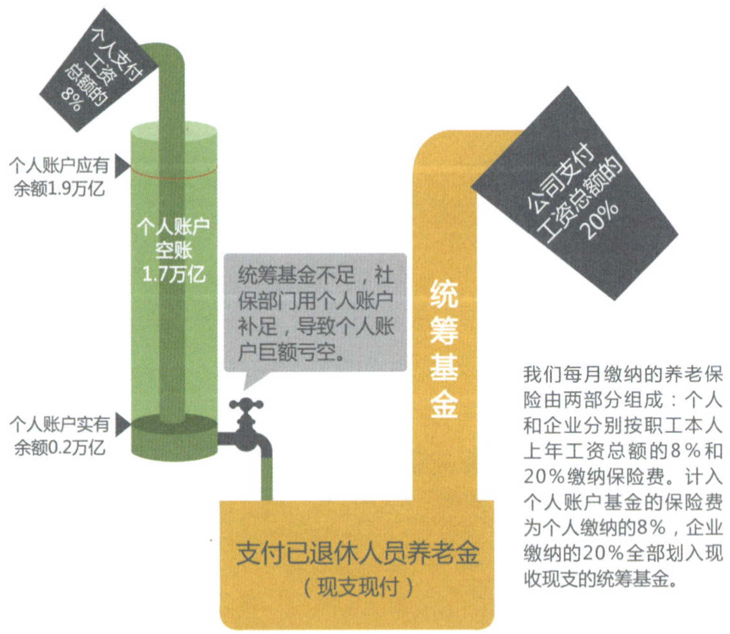

我们每月缴纳的养老保险由两部分组成：个人和企业分别按职工本人上年工资总额的8%和20%缴纳保险费。计入个人账户基金的保险费为个人缴纳的8%，企业缴纳的20%全部划入现收现支的统筹基金。

李志培所说的积累，其实绝大部分已放进现收现付的统筹基金里，个人账户并没真积累那么多钱。

个人账户“空账”日益严重

最近几年，中国每一天都有接近25000人进入到60岁以上老年人的行列。

最近几年，中国每一天都有接近25000人进入到60岁以上老年人的行列。现在已经退休的人，都是1960年以前出生的人，但是之前讲过的政策中已经提到过，政府并没有为这一部分退休人员积累养老金。

企业养老金

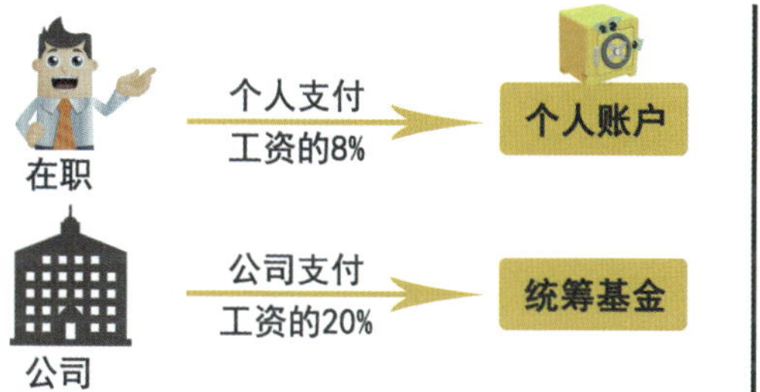

国家统筹

1953年以前企业养老金制度没建立，员工个人账户是空的。他们退休后，享有企业养老金制度。

国家统筹

中国养老金账户分为统筹账户和个人账户，统筹账户是直接支付给已经退休人员的养老金，而个人账户则是年轻的时候存下，到退休之后取出来花。

个人账户可以看作是个人对未来的长期投资行为，短时间内不会取出。而统筹基金则时刻需要向外发放退休金。

理想状态下：

统筹基金

现实情况下：

空账

个人账户

统筹基金

养老金改革之后，为缓解财政压力，在职职工养老保险个人账户里的部分资金被先行调用来给已经退休的没有个人账户积累的退休人员发放养老金，从而形成了养老金个人账户的空帐。也就是我们通常所说的养老金空账。

个人账户“空账”由来已久

按照2012年全国净增长620万退休人员计算，全年252个工作日，平均每天为24800人办理退休，几乎秒针每跳动一下就一人退休。

2012年全国退休人员净增长

620万

几乎每秒就有**1人**退休

空账不是一天形成的，每天都在增加的退休人员不断给养老金储备增压，养老金个人账户缺口越来越大。

近年养老金余额VS个人账户空账

（单位：亿元）

年份	养老金余额	个人账户空账
2007年	7391	10957
2008年	9931	12737
2009年	12526	14988
2010年	15365	17557
2011年	19497	22156

咋个人账户空账数额比养老基金余额还多？

2012年个人账户空账额继2007年突破万亿大关后，再次突破2万亿。近年，个人账户的“空账”更是比养老基金余额还要多。

推迟退休时间能否解决？

按照人保部的说法，将退休时间改到65岁每年可以减缓基金缺口约200亿元。而目前保险金空账已经达到1.7万亿，这是一个什么概念呢？

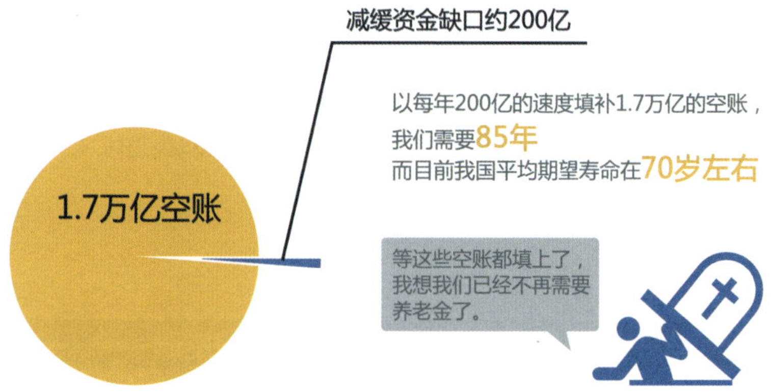

延迟退休时间只是将问题一拖再拖，治标不治本，从源头解决问题才是重点。

中央推出新的政策，企业养老金提高10%，双轨制的差距将逐步缩小。但是养老金并轨的路程还很漫长，养老金的巨额空账也在等待政府的解决措施。别的不多说，只希望在我们退休前能够享受到平等、优质的养老金体系。

第三节 如果有一天，我们老无所依

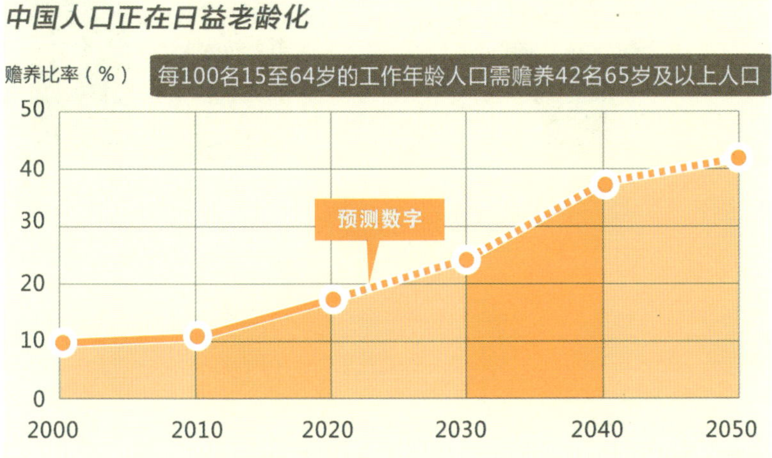

计划生育政策在一个阶段很好的控制住了人口数量，提高了人口素质，但是随着时代的变迁，该政策带来的后遗症——“人口老龄化”日益明显。

目前中国人口类型已经进入老年型，预计到2040年，65岁以上老年人口占总人口的比例将超过20%。同时，由于医疗技术和生活水平的提高，老年人口高龄化趋势也日益明显，80以上高龄老人正以每年5%的速度不断增加。

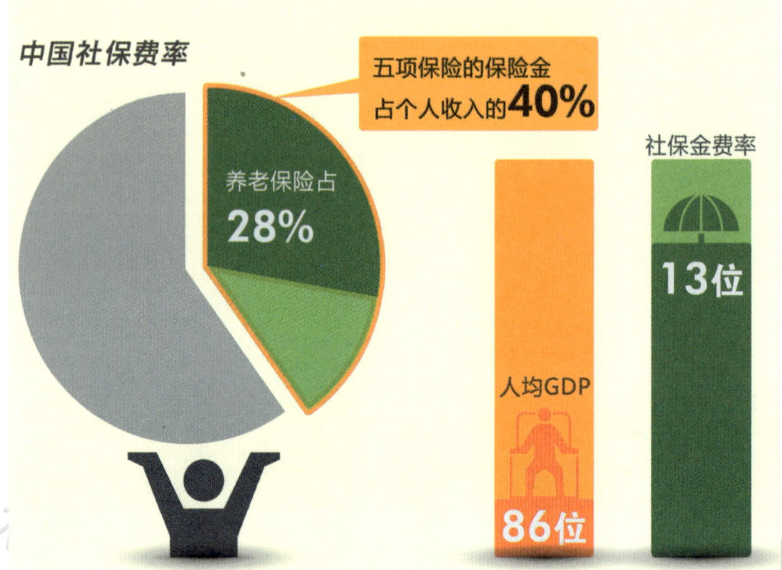

老人的增多是对社保制度的巨大考验。

中国的社保收费很高，费率达收入的40%。中国的人均GDP全球排名86位，但社保金费率却排在第13位。如此高的社保金费率很难再有提高的空间。

我国5项社会保险费率中，主要是养老保险费率偏高。制度模式、转轨成本、人口结构等都是影响养老金保险费率的重要因素。

但是，高社保金费率并不意味着退休后的高收入，养老金该怎么计算呢？

到我们老了能领到多少钱？

若我现在是一个老人，假设我1978年参加工作，工作32年，到2011年退休，工资一直和国家统计局公布的全国平均水平一致，足额缴纳养老保险，我能拿到多少养老金？一起来算一下吧~

养老金计算公式：

基础养老金=全省上年月均工资×(1+本人平均缴费指数)÷2×缴费年限×1%

个人账户养老金=个人账户储存额÷计发月数

养老金=基础养老金+个人账户养老金

注：为了方便计算，这里假设本人平均缴费指数为1，全国平均工资=全省平均工资=我的工资，计发月数=170个月。

1978年-2010年全国平均工资

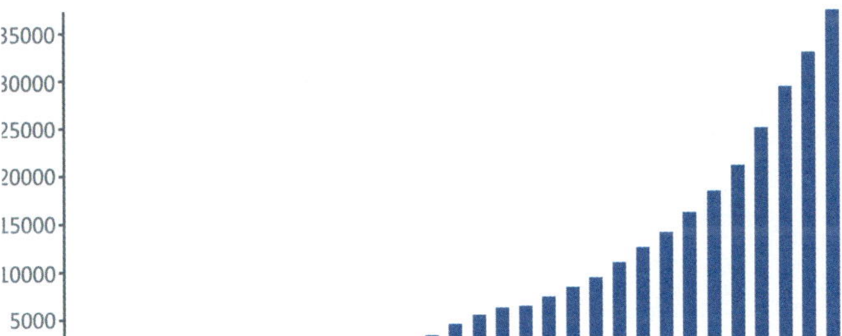

根据上面的数据，我们可以得出：

上年度在岗职工月平均工资
=2010年全国平均工资37147元÷12月
=3095元

在这33年中，
总的工资收入为
288274元

个人账户余额
=288274×8%
=23061.92元

基础养老金=3095×（1+1）÷2×（1%×33年）=1021.35

个人账户养老金=23061.92÷170=135.65

每月领取养老金总额=1157元

如果你是这个老人，工作33年，退休之后一个月1157元，你觉得够花吗？

除了计划生育之外，城镇化速度的加快也在增加养老压力。

2012年的一次新闻发布会上，国家统计局宣布中国总人口近13.5亿，城镇人口占51.27%，为6.908亿，这意味着中国的城市人口终于超过农村人口了。

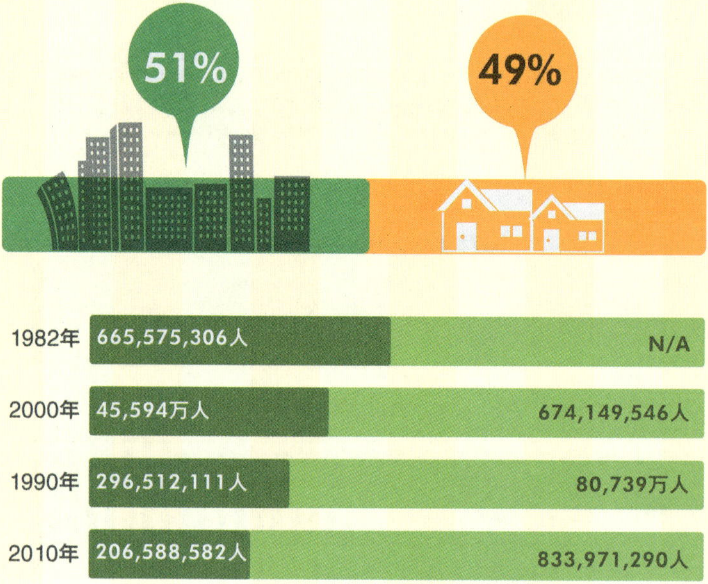

51%

49%

1982年	665,575,306人	N/A
2000年	45,594万人	674,149,546人
1990年	296,512,111人	80,739万人
2010年	206,588,582人	833,971,290人

改革开放之后，第一次人口普查是1982年，当时城市人口只占20.6%。30年之后，中国的城市化率已经超过50%。这样的过程英国用了200年，美国用了100年，日本用了50年，我们只用了30年。不到一代人的时间，似乎几年的功夫大量的进城务工人员就已经遍布在了城市的大街小巷。

虽然快速的城市化进程大大加快了经济发展的速度，而且城市人口增加是实现现代化的必然趋势，但是如此快的城市化进程也带来了不可忽视的问题：

城里老人虽然退休金不太够花，好歹也算是有所补贴。据报道，城乡养老金差距达到24倍，甚至大多数农村老人根本没有养老金。在赡养率降低的当下，“养儿防老”靠谱么？

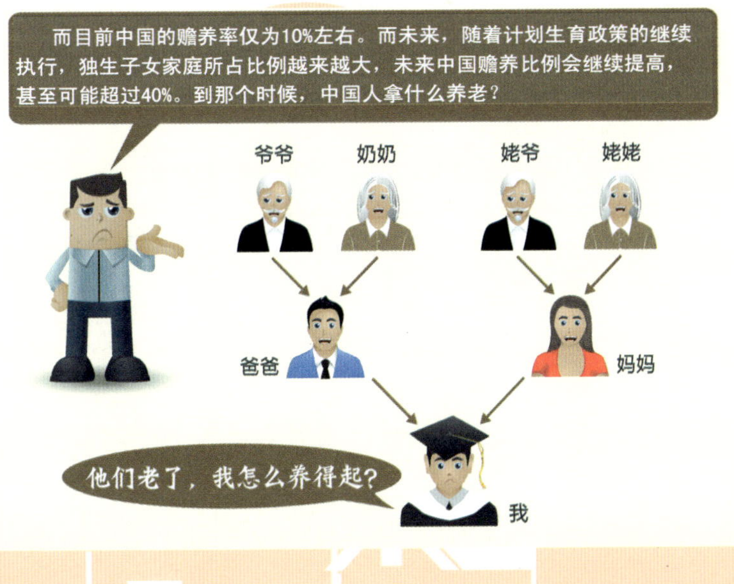

小贴士：什么是老年人口赡养率?

“老龄人口赡养率”是指65岁以上老龄人口所占劳动人口（14岁到64岁）的比重，也就是一个国家或一个地区平均一个劳动力将承担几个老人的赡养。这是衡量人口老龄化的一个重要指标。

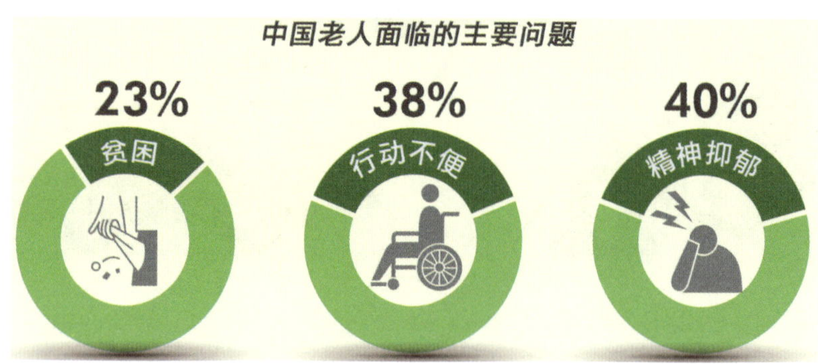

除了老人们普遍面临的困难之外，子女不在身边使养儿防老的传统正在逐步瓦解，无人照料的留守老人们面临着比其他老人更加严峻的生存环境。

案例1：

72岁老人刘菊花，虽然生有五个子女，但子女都因本身生活贫困拒绝赡养母亲。老人无奈之下带着她10岁的孙女捡垃圾为生，两人相依为命。一老一小，既无谋生能力，又没有固定收入来源，生活的困苦可想而知。

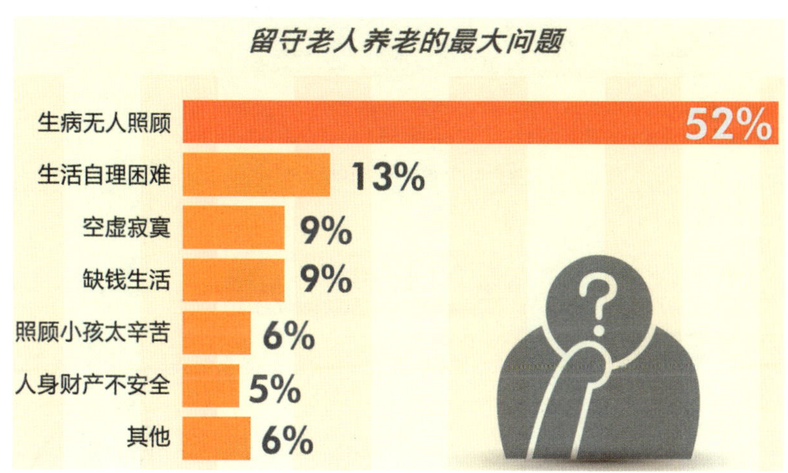

案例2:

儿子外出打工了，家里只剩下63岁的何老爹和他61岁的老伴。某日老伴突然肚子疼，谁知在邻村的小诊所治疗之后，老伴竟然就这样撒手人寰了，临走时甚至没有见到儿子的最后一面。

经过记者的调查才得知，给老人看病的大夫并没有正规的行医资格，也就是说，看病的是一家“黑诊所”。

留守老人们缺乏基本的医疗常识，常常为了省钱去周边的“黑诊所”看病治疗。当地许多“赤脚医生”行医多凭借经验，轻则诊断不明延误病情，重则错过最佳治疗时间，甚至误诊、误治，最终导致患者失去宝贵的生命。

留守老人们年纪大了，很多事情没有办法自己解决，生活面临很多问题。

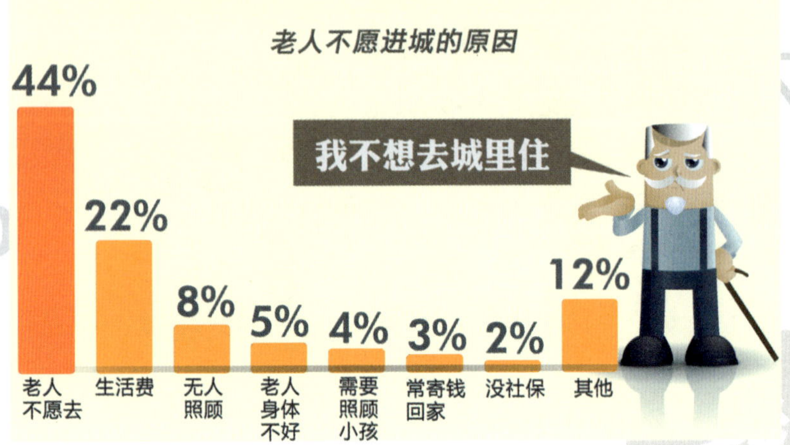

即使有子女愿意赡养父母，但是父母或许是因为记挂着着家里的一亩三分地，亦或许是怕成为子女的负担，也可能只是因为生活不习惯，不少老人会表示不愿意去城市里和子女同住。

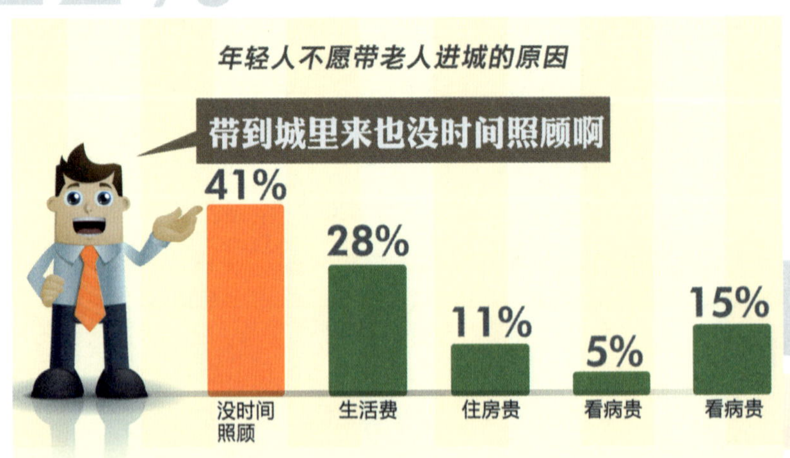

而在外独自打拼的年轻人当然也有自己的难处。工作忙的很，上有老下有小很难顾得周全。而且城市里处处都要花钱，老人住到城里来，自己挣的这点工资还真未必够用。

“常回家看看”的立法规定不是不想遵守，实在是分身乏术，想顾也顾不上，只能干着急。养老体系除了金钱，还需要建设配套的公共设施及服务体系。如果养老制度能够加快完善的速度，那么或许父母在有生之年还能够享受到完善的社会保障，我们做子女的在外也就放心了。

本章结语

养老金并轨早已被提上日程，但是近期有两个新政策值得我们期待：

1. 叫停高级职称养老金倾斜政策，这标志着我国养老金进一步走向了公平。

2. 新型农村社会养老保险与城镇居民社会养老保险的合并实施，也就是说，城乡养老机制开始了一体化进程。

养老金首先应该是“公平金”，养老金并轨的核心问题，就是公平。老人们或许年轻的时候岗位不同、责任不同，但是都在为祖国做贡献，因此退休之后，保障生活的养老机制也应该是公平合理的，保障不同职业、不同身份人群养老金替代率的相对公平势在必行。我国养老金机制虽然仍不完善，还有许多问题需要解决，但是好在，已经向公平的方向发展。

产　业　篇

chanyepian

房产税
20%?

第一章：房产业的那些事

要说现在的人们，一大半都在为房子发愁。

没买房的发愁买不起房，刚买了房的发愁还不起贷；老年人发愁给儿女买房，年轻人发愁没房子不能结婚生子；租到房子的发愁房租要涨，没租到房子的发愁找不到房子租……甚至现在连有多套房产的都开始发愁房产税了。

房产并不仅仅影响了百姓的生活，一定程度上来说，还影响着我国的经济命脉。

随着房价水涨船高，房地产业可以说撑起了中国经济的半壁江山，此外还拉动了如钢铁、水泥等各个相关产业，影响着整个经济格局。近年来关于房价，无论是政府还是市场，无论是专家还是普通百姓，人人都在猜测，究竟是涨，还是跌?

第一节 找个安身立命处

对于许多家庭来说，住房支出可以列作家庭支出的第一大项。为了买房子，经常是一家人，甚至是小夫妻双方两家人倾囊而出，将所有积蓄倾注在一套70年产权的“蜗居”上。

为什么一定要买房子？

为了娶媳妇，为了养孩子，更是为了有一个安稳的家，一个长久的安身立命之所。

结婚一定要买房？在中国，绝大部分人群的回答是肯定的，买不上房子经常和娶不上媳妇划上等号。

中国有多少人没结婚？

中国18岁以上非婚人口数量达到

2.49亿!!

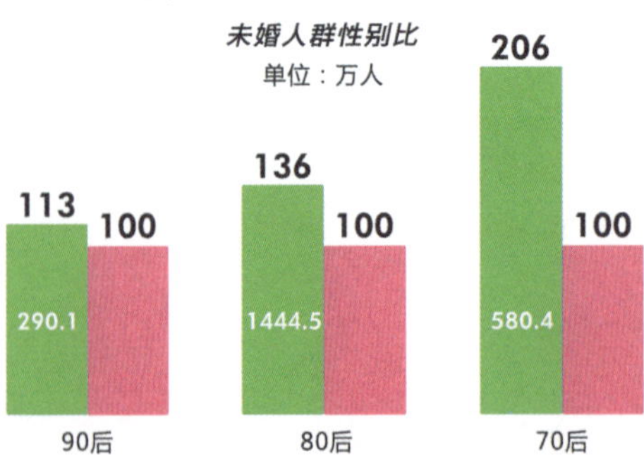

未婚男女性别比差异如此之大，与中国传统观念中男主外、女主内的思想有一定关系。女青年一般希望找到经济能力、学历、个人魅力都在自己之上的另一半，而这类条件一部分同龄人并没有办法达到，这样导致同龄“剩男”总是比“剩女”多。

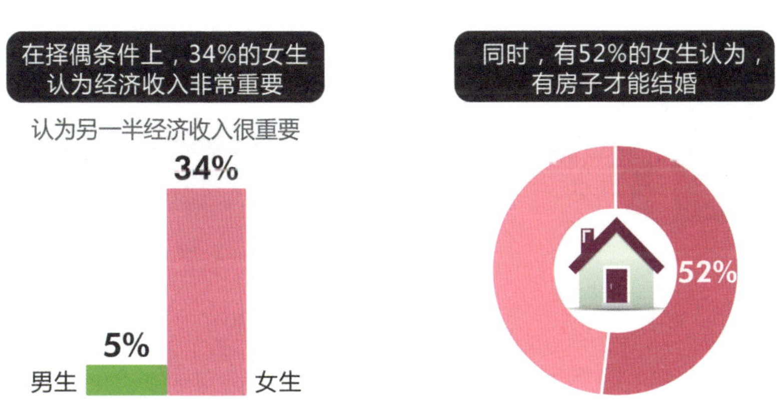

房子怎么办？

一半女生认为有房子才能结婚，房子成了结婚最大的一笔开销。

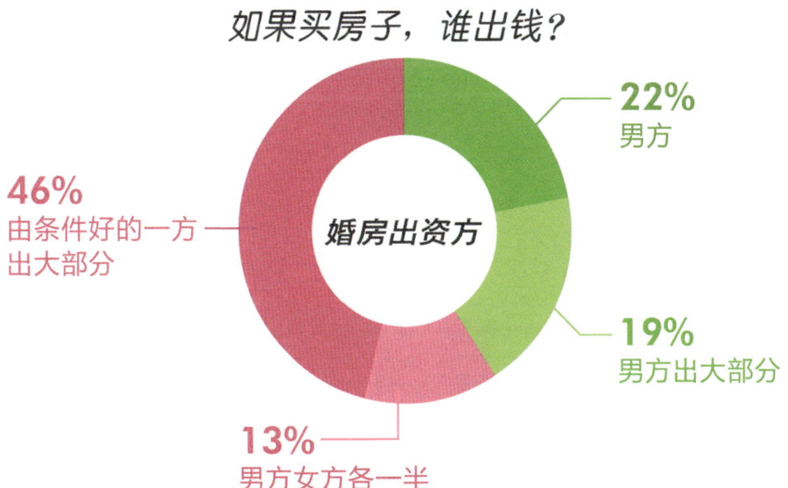

世界上最遥远的距离，不是我站在你面前而你不知道我爱你，而是我爱你，但我却没钱付房子的首付。

租房子为什么不可以？

租房的不可能定律

房子好

离公司远

贵

不可能

群租

便宜

离公司近

环境好的，价格贵；价格便宜的，环境差或者路途远。租房族会横跨整个城市寻找住所，但是最终，疲于奔走，只要有张床睡觉，有个热水洗澡，有个网络工作，就满足了……

租房必遇奇葩舍友

和20几个人群租在大大小小隔间拼凑的房子里，他们来自四面八方，也许大家谈笑风生，但是生活习惯的不同，也注定带来了大大小小的麻烦。

理想中的合租对象

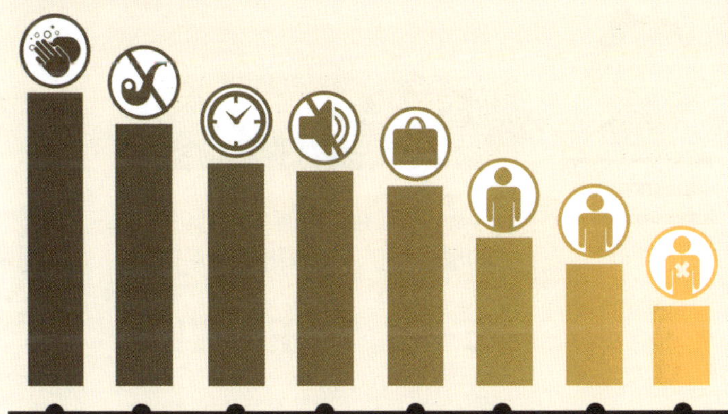

现实

终于，实在受不了群租生活，想带着押金换个住所，却又犯难了……

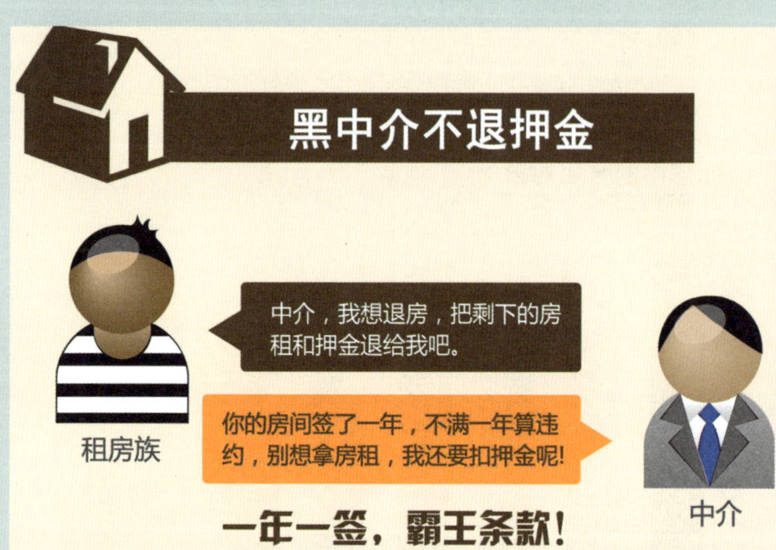

自己在退房时遭遇离谱要求，克扣房租、克扣押金，甚至入屋清人的现象不在少数。和中介讲道理就如同对牛弹琴，心力交瘁……

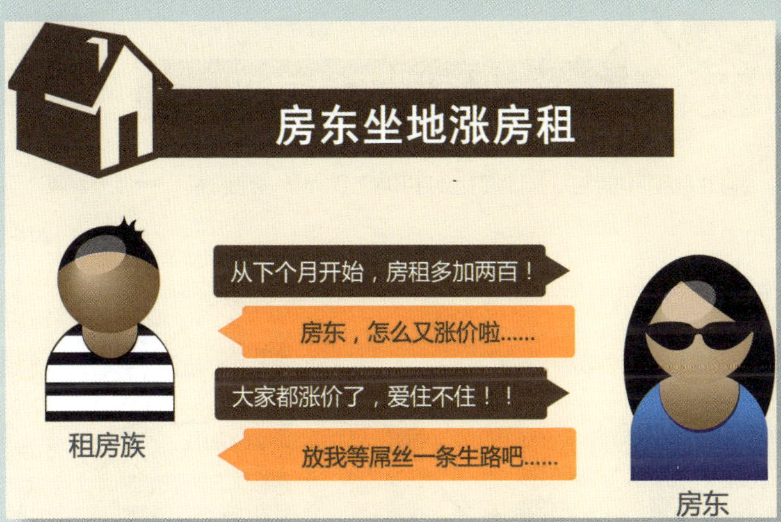

截止2013年9月，全国房租已连续上涨45个月，北上广等大城市形势更为严峻！

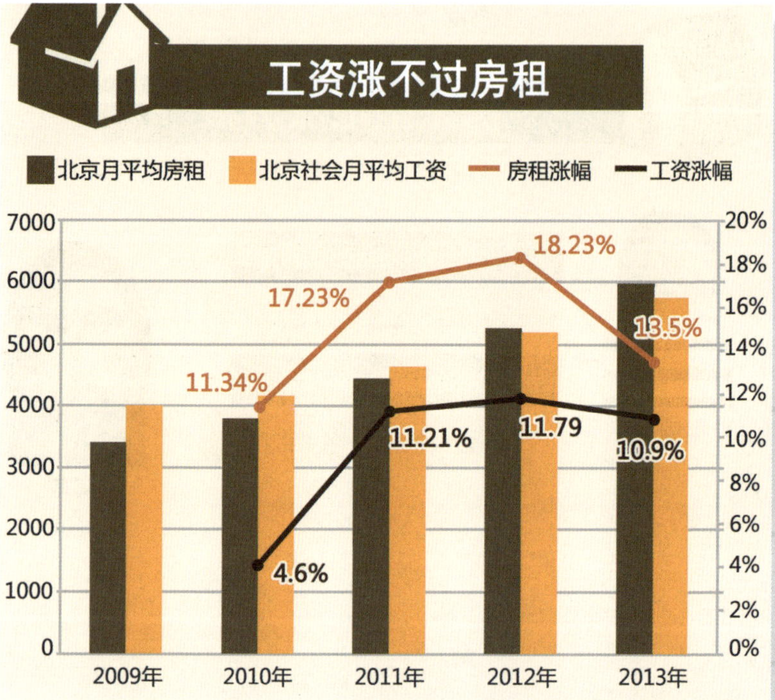
工资涨不过房租
北京月平均房租
北京社会月平均工资
房租涨幅
工资涨幅
7000
6000
5000
4000
3000
2000
1000
0
20%
18%
16%
14%
12%
10%
8%
6%
4%
2%
0%
18.23%
17.23%
13.5%
11.34%
11.21%
11.79
10.9%
4.6%
2009年
2010年
2011年
2012年
2013年

注：此处租金价格为每套住宅平均租金（数据来源：禧泰房产）
社会平均工资（数据来源：人社部）

年轻人为了梦想在外打拼，忍得住孤独！忍得住物价！忍得住工作压力！ 却扛不住疯狂的房价和房租。

孤独
物价
压力
可是却扛不住，
疯狂的房价……
疯涨的房租……
顶得住物价，扛不住房价

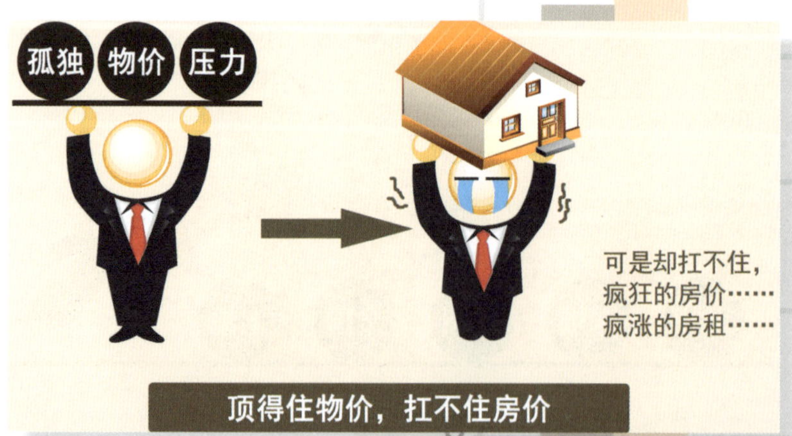

不买房？这种情况下靠租房怎么结婚过日子？怎么养孩子？

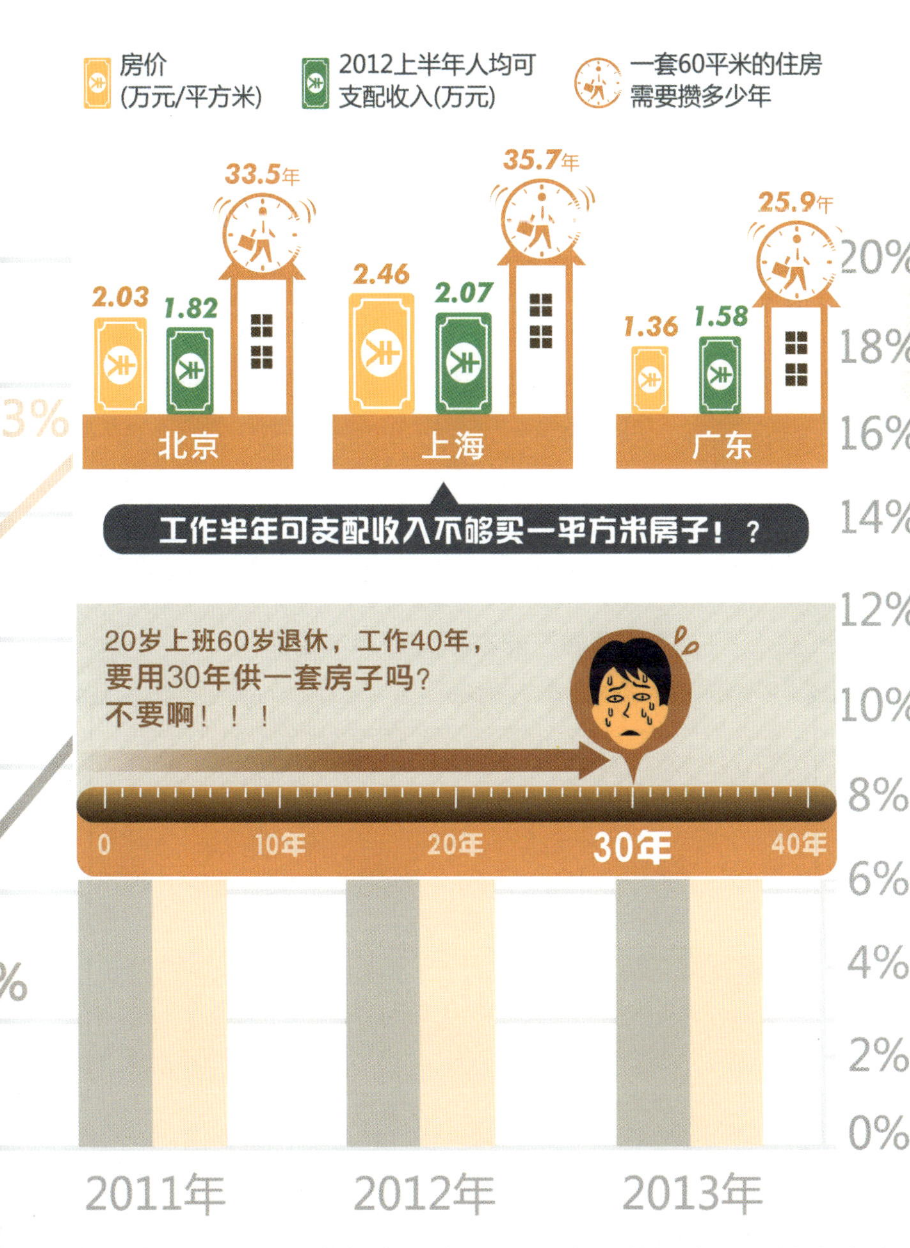

注：此处租金价格为每套住宅平均租金（数据来源：禧泰房产）

第二节 房子为啥这么贵?

虽然中国房地产存在泡沫基本上是一个社会共识，但这个泡沫在制度与市场、中央政府与房地产商不断的博弈之中一直顽强的存在着。中央政府不断推出新的政策希望抑制房价，但是效果并不理想。

房地产相关环节纳税额

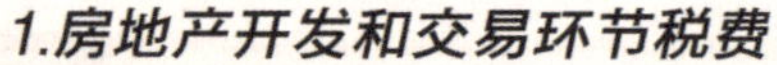

1.房地产开发和交易环节税费

营业税：全额5%

自2010年1月1日起，个人将购买不足5年的非普通住房对外销售的，全额征收营业税

契税：全额3%~5%，普通住宅减半

土地和房屋的买卖交易中，购房或购地的单位和个人要缴纳契税，税率为成交价的3%-5%

印花税：全额0.03%或0.05%

房屋产权证和土地使用证属于征税凭证，税率为0.03%或0.05%

土地增值税：土地增值额的30%~60%

按照转让房地产取得的收入，减除法定扣除项目金额后的增值额作为计税依据，并按照四级超率累进税率进行征收

企业所得税：企业收入25%

企业每年收入总额减除免税收入、各项扣除以及允许弥补的以前年度亏损后的余额，为应纳税所得额

个人所得税：卖房差价20%

财产转让所得应纳个人所得税，以转让财产的收入额减除财产原值和合理费用后的余额为应纳税所得额，税率为20%

城市维护建设税：7%

以纳税人实际缴纳的产品税、增值税、营业税税额为计税依据。税率：市区7%，县城和镇5%，乡村1%

2.教育附加费：5%

教育费附加、地方教育附加两项费率合计达5%

3.土地出让金：一般占楼房售价40%

国有土地使用权出让收入是政府以出让等方式配置国有土地使用权取得的全部土地价款

4.房地产保有环节

房产税：房产余值的1.2%

针对住房开征的房产税，目前只在重庆和上海试点

5.城镇土地使用税：每平方米0.6~30元不等

以纳税人实际占用的土地面积为计税依据，每平方米年税额分别为：

大城市1.5元至30元；中等城市1.2元至24元；小城市0.9元至18元；县城、建制镇、工矿区0.6元至12元

为抑制房价，房地产业的税额被提的很高。但房产是刚性需求，高税收并没有成功抑制房价，反而被房地产商转嫁给了消费者。

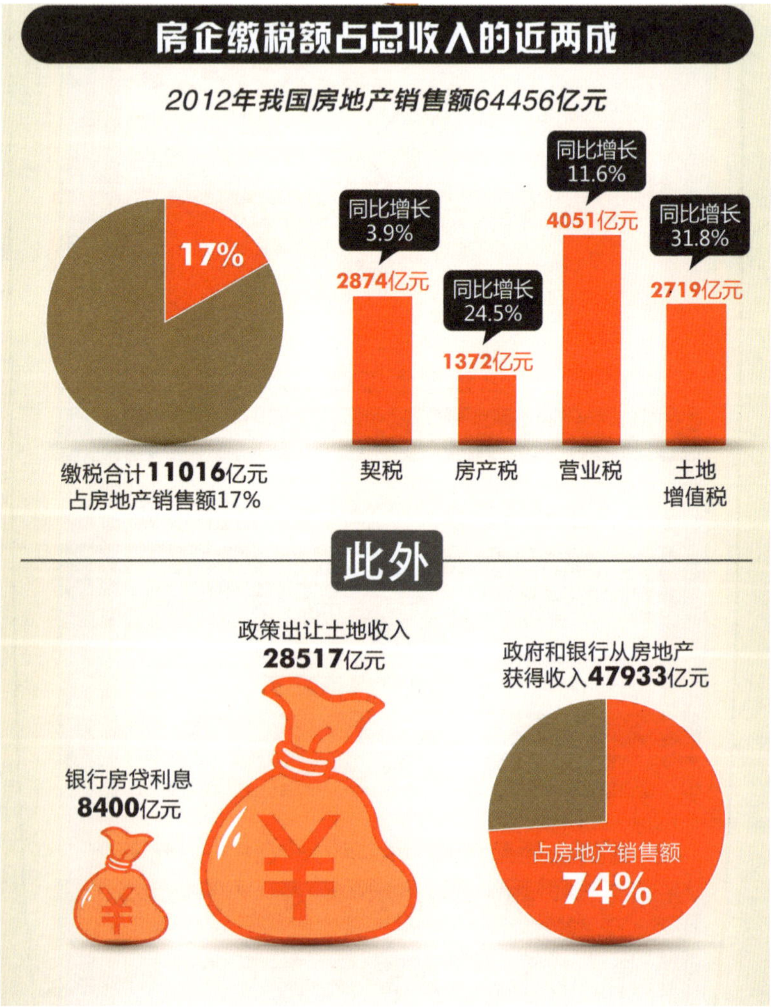

房企缴税额占总收入的近两成

2012年我国房地产销售额64456亿元

17%

缴税合计**11016**亿元
占房地产销售额17%

	契税	房产税	营业税	土地增值税
金额	2874亿元	1372亿元	4051亿元	2719亿元
同比增长	3.9%	24.5%	11.6%	31.8%

此外

银行房贷利息
8400亿元

政策出让土地收入
28517亿元

政府和银行从房地产
获得收入**47933**亿元

占房地产销售额
74%

经济对房地产的依赖太强烈

根据相关测算，房地产在实体经济中的拉动作用为1：2.86

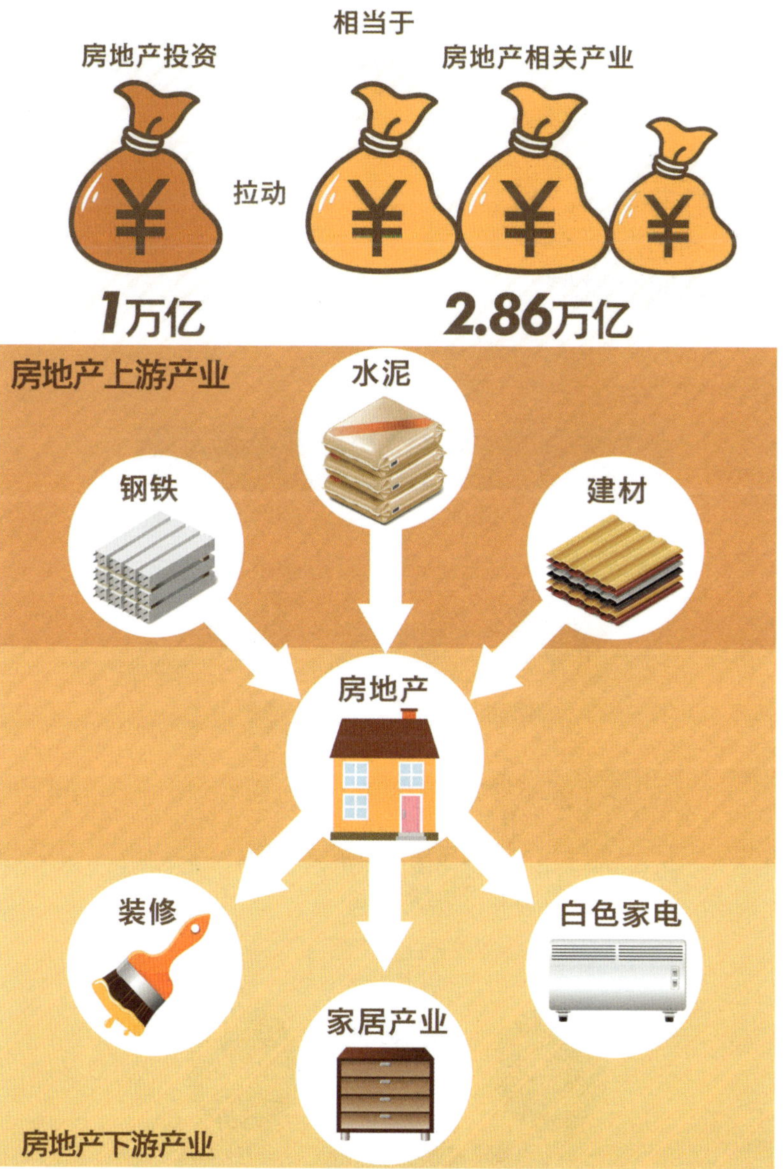

房地产业作为经济大环境中的重要组成部分，并不是单独存在的，各类相关产业的发展都与房产业的发展密切相关。钢铁产业就是与房产关系最紧密的产业之一。

有媒体盘点了钢价下行的六大因素，除了产能过剩之外，排名第二的就是钢铁需求不振。

房地产业对钢材的需求占钢铁总需求量的1/3，原本就“身体不舒服”的钢铁产业，看见房地产打个喷嚏，自己就病倒了。

我国经济对房地产依赖强烈，控制房地产业有可能同时打击其他相关产业，难度很大。

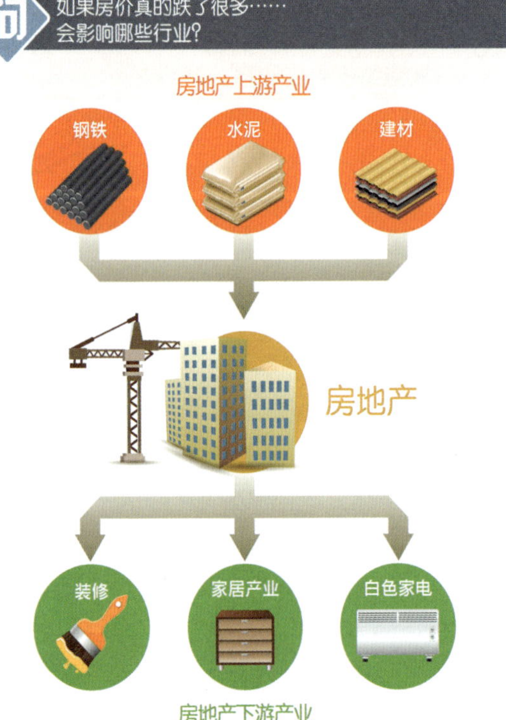

本来中国的钢铁，水泥等行业就已经过剩，而房地产的下游产业中，白色家电业长期产能依赖政府补贴。一旦房价大幅度下跌那么这些产业可能都会陷入泥潭。加上受冲击的金融部门，可能房价下跌会给经济造成灾难性的影响。

同时，由于此前政绩考核单纯侧重GDP，部分地方政府官员眼光不够长远，盲目追求GDP的虚高。房地产业的一时繁荣可以形成其任职期间政绩卓著的假象，因此对房地产的不健康发展不仅不控制反而推波助澜。而中央政府希望降低房价，满足民生需求，更加希望经济能够持续、健康、有效的发展。于是中央和地方在打压与扶持房地产业之间产生了一场漫长而艰难的拉锯战。

为什么经济对房地产依赖如此严重？

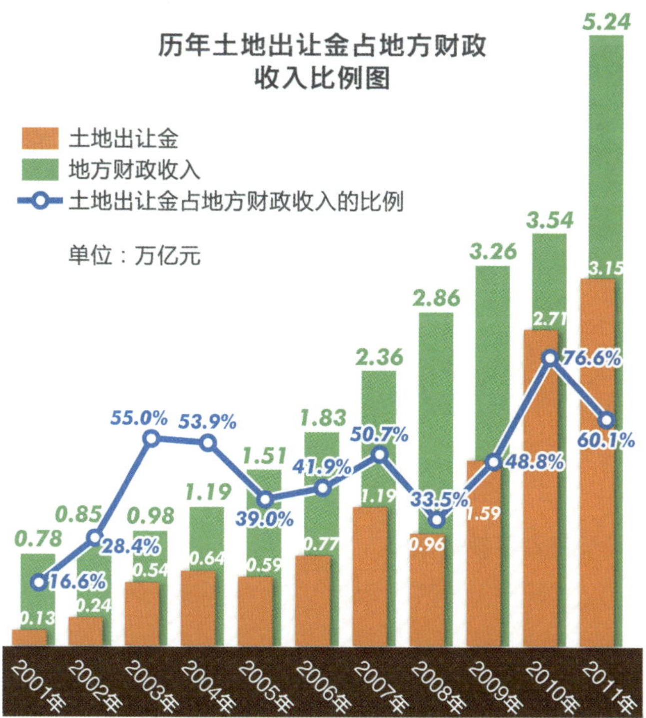

小贴士：什么是土地出让金？

土地出让金是指各级政府土地管理部门将土地使用权出让给土地使用者，按规定向受让人收取的土地出让的全部价款（指土地出让的交易总额），或土地使用期满，土地使用者需要续期而向土地管理部门缴纳的续期土地出让价款，或原通过行政划拨获得土地使用权的土地使用者，将土地使用权有偿转让、出租、抵押、作价入股和投资，按规定补交的土地出让价款。

2012年
土地出让金总额
2.69万亿

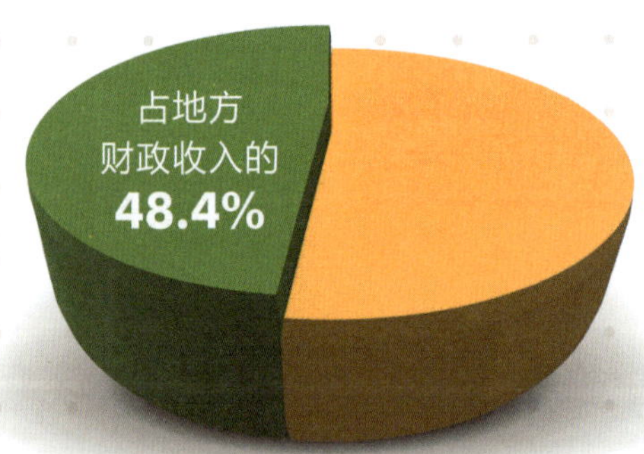

我国经济如果不能摆脱对房地产的依赖，那么扩大内需、产业升级等诸多经济理想都无法顺利实现，因此产业升级势在必行。

房价到底跌不跌？

多少人盼着房价下跌，又有多少人害怕房价下跌，那么房价到底会不会下跌？

问 房价下跌真的可能发生吗？

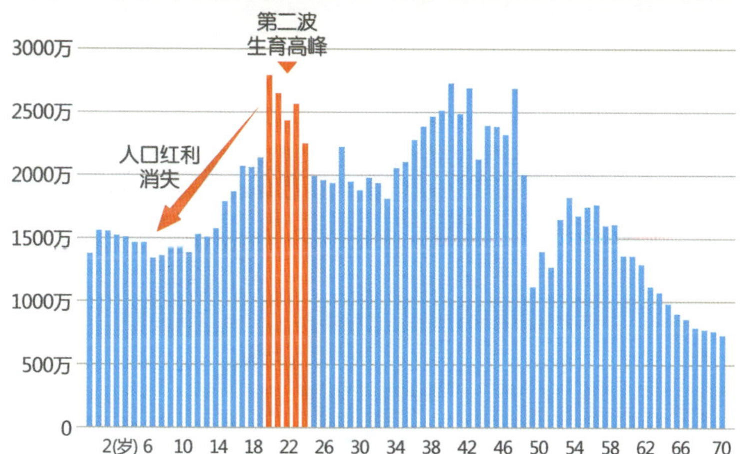

他们是第二波人口高峰时出生的人，现在正值适婚年龄，对婚房的刚性需求量很大，势必推高房价。在他们的需求满足之后，年轻人数量减少，对房子的需求也会相应减弱。

从城市化进程来看

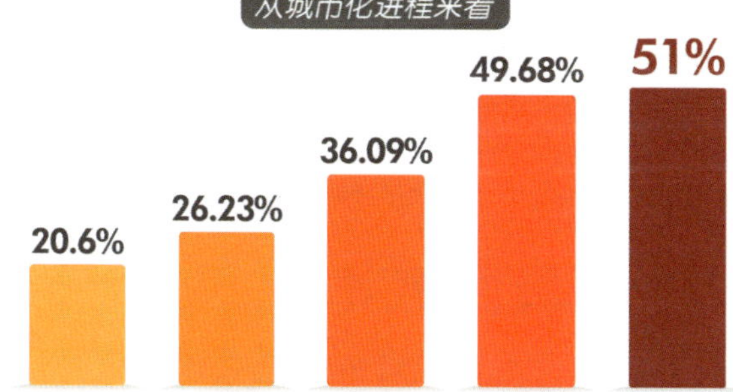

中国城镇化已经超过50%。但是当城镇化水平超过60%之后，城镇化推进速度将大大下降，届时农业迁移人口对住房的需求也将减少。

所以从短期来看，房价整体大幅度下降没有可能，但是从长远来看，中国房地产价格下跌的可能性并不小

短时间内房价的调控还是要靠政府改革，但是改革并非一朝一夕之事，新出台的“国五条”、“自住房”等政策能否改变房产业的现状？

国五条：20%个税

最重要的就是20%个税

小贴士：国五条是什么？

国五条，是指在2013年2月20日国务院常务会议确定的五项加强房地产市场调控的政策措施。国务院常务会议出台五项调控政策措施，要求各直辖市、计划单列市和除拉萨外的省会城市要按照保持房价基本稳定的原则，制定并公布年度新建商品住房价格控制目标，建立健全稳定房价工作的考核问责制度。

北京国五条细则：

成年单身人士限购1套住房；停发三套房贷款，适时提高二套房首付比例；依法严征住房转让20%所得税

城市	房价目标	点评
北京	新建商品房价格与2012年持平，降低自住型、改善型商品住房的价格	史上最严
上海	保持房价基本稳定	遵循中央基调 中规中矩
深圳	2013年新建商品房价涨幅低于收入增长速度	细则不细 没有执行标准

各地“国五条”细则各不相同，其中北京“国五条”细则争议最多。

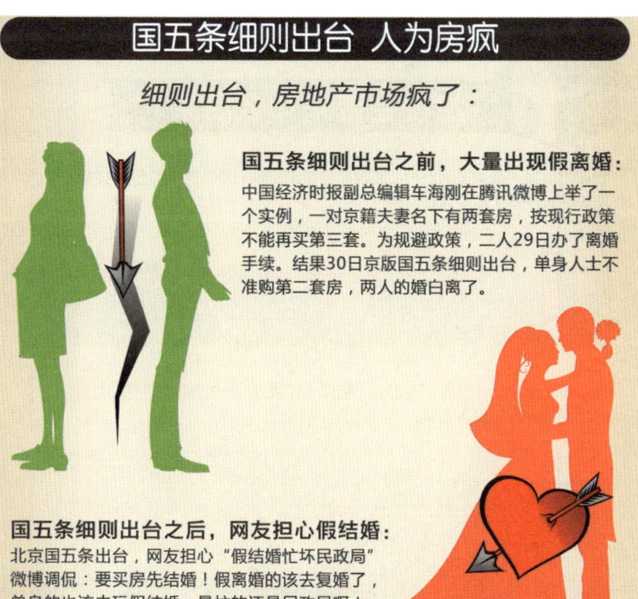

上有政策，下有对策，阻止得了买房，却阻止不了离婚再结婚，再离婚再结婚。

上有政策下有对策

还没等市场对国五条做出反应，
针对国五条政策的对策就出炉了：

对策就是：结婚再离婚，再结婚，再离婚，再结婚……

孟晓苏：【京五条太粗糙】一觉醒来我忽然想到，其实京五条也限制不了离婚潮。离婚时净身出户的一方是单身无房，京五条允许购房一套。复婚后转给对方再离婚又可购房一套！如此反复至无穷，多少套房都允许买。京五条如此粗糙竟也敢发布，赶紧再补上一条开征离婚税吧。

国五条忙坏了民政局，却并没有起到预想中的效果。

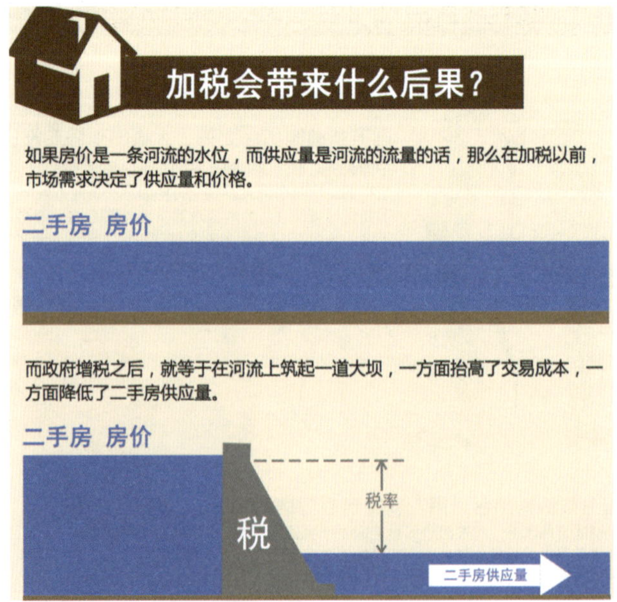

成本的变化使得原本的房产市场供求关系更加一边倒，二手房的房价不降反升。

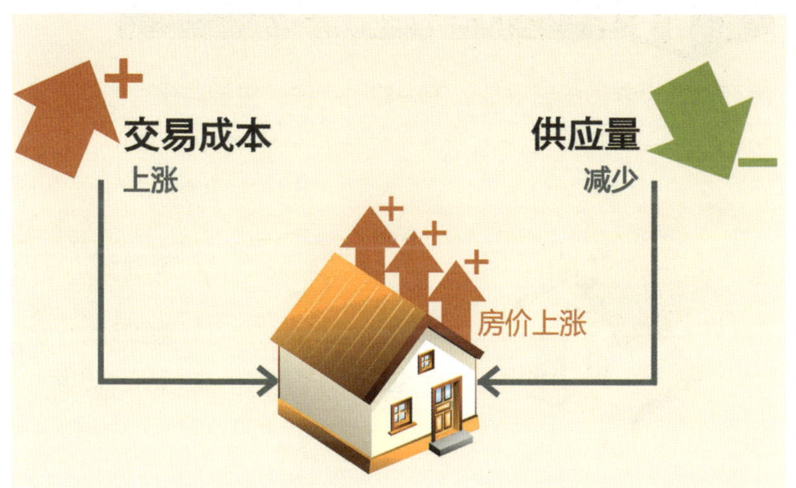

由于供求关系紧张，而住房需求又是刚性需求，因此售房者可以轻易的将税费转嫁到购房者的头上——“反正你不买，总有人要买”，无形中更加助长了房价上涨的嚣张气焰。

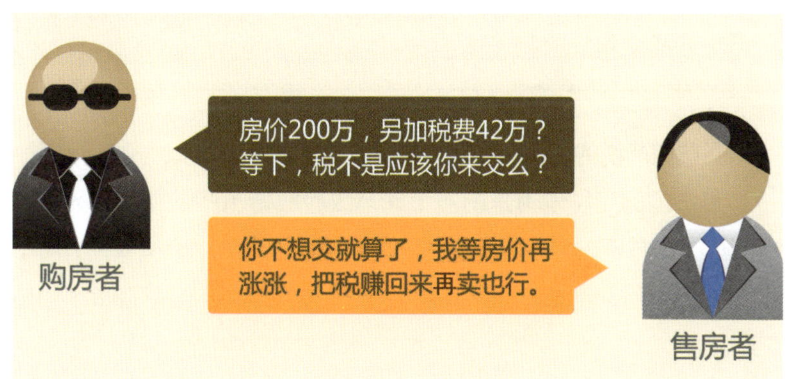

除国五条之外，房产税的征收也开始试点运行，2011年1月，重庆首笔个人住房房产税在当地申报入库，其税款为6154.83元。

什么是房产税？

房产税是世界各国普遍征收的一种财产税，主要对保有的房产征收。也就是说你有了房子，就需要对房子征收一定的税。

税率：

每年

1%～3%

小贴士：为什么要征收房产税？

国家征收房产税目的是调控楼价、压制楼市泡沫、控制炒楼风险、增加税收、兴建经适房和保障房。原意就是取之于民，用之于民。

各国房产税的征收标准都不相同。例如：

美国的房产税税率是由各个地方政府根据各种预算收支情况单独制定的，并不由中央政府统一调控。因此不同的地方税率会有所不同，并且处于不断的变化调整之中，大部分地区通常维持在0.8%~3%之间。

为了平衡收入差距，韩国1961年起就征收财产税，2005年开始增收综合不动产税，这两个税种都是根据财产价值不同税率不同，总体是拥有高档房产的富裕阶层承担更重的赋税。此后，韩国政府又出台了更严厉的房产转让所得税：拥有2套住宅的家庭在购房2年内出售要缴纳50%的房产转让所得税：拥有3套以上住宅的家庭购房2年内出售要缴纳60%的房产转让所得税。这就大大的抑制了房产投机现象。

德国法律规定，房价、房租超高乃至暴利者如构成违法行为将要承担刑事责任。如果房价或房租超过“合理房价（租）”的20%就可以认定为超高房价，购房者或者租客就可以向法院起诉。超过50%则为“房价（租）暴利”，除了会被判处罚款，还可能判处三年以内有期徒刑。

房产税的初衷

中国征收房地产税的主要原因是因为房价过高，政府希望通过房地产税提高炒房者的持有房子的成本，从而逼迫炒房者卖掉房子，抑制房价上涨。

征收房产税之前：

征收之前，
房主可以坐收房屋增值的收益。

征收房产税之后：

征收之后，
持有房屋成本上升，炒房者抛房。

介于我国并没有征收房产税的先河，征收难度较大，因此从2011年起，仅将上海和重庆两个直辖市作为房产税征收试点。

中国的房产税

我国2011年的时候开始了房产税的试点。其中包括重庆和上海两个城市。

上海	重庆
征收对象： 1.上海户籍家庭的第二套及以上住房 2.外地籍家庭在上海新购的住房	**征收对象：** 1.独栋别墅 2.房价达到均价两倍以上的高档公寓 3.不在重庆工作，投资，居住的人员在重庆的第二套房子
税率： 0.4%-0.6%	**税率：** 0.5%-1.2%

然而，一年里上海一百平米的房子的价格涨了65万元，而房产税只要交1.8万元，房屋增值速度远远高于房产税税率，导致用房产税来打压炒房完全不起作用。

房屋持有成本低于房价涨幅

如果在上海有一套一百平方米的需要征税的房子，那么从2012年12月到2013年12月涨了多少呢？

（29974-23428）元/㎡×100㎡=**654600**元

那么这段时间里，要交多少房产税呢？按照0.6%的税率计算：

29974元/㎡×100㎡×0.6%=**17984.4**元

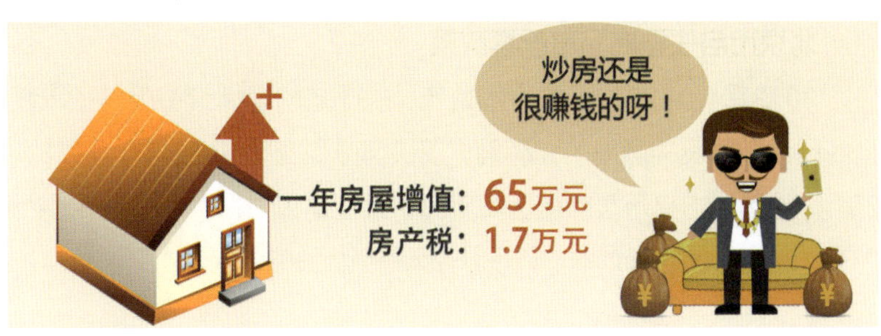

眼看房产税试点已满三年，效果却不尽如人意，房产税是否将全国征收，众说纷纭。

增加税费效果不佳，于是政府转而开辟第二战场，扩大保障性住房体系。继建设经济适用房之后，增加建设自住房被提上了日程。

什么是自住型商品房？

自住型商品房面积以90平方米以下为主，销售均价比同地段、同品质商品住房低30%左右。

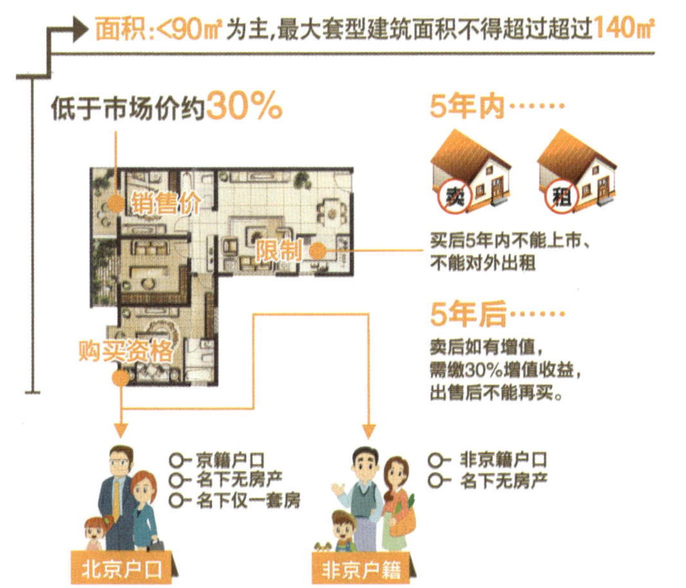

北京市自住型商品房配套政策

2013年10月23日，北京市公布《关于加快中低价位自住型改善型商品住房建设的意见》，明确将加快自住型商品住房建设，2013、2014两年将推出7万套自住型商品房，套型建筑面积以90平方米以下为主，销售均价比同地段、同品质商品住房低30%左右。

自住商品房VS普通商品房VS经济适用房

	普通商品房	自住商品房	经济适用房
面向人群	面向所有人	名下房产不超过一套的京籍家庭及部分非京籍家庭	当地户口年收入不超过6万的家庭
套型面积	没有规定	90平米以下为主最大不超过140平米	限制在54平米到117平米之间
销售价格	市场价	比市场价低约30%	政府指导价
转让限制	没有限制	5年内不能卖、租 5年后卖缴增值收益 出售后不能再买	5年内不得转，转让时需补缴土地出让金。
土地性质	土地出让	土地出让	土地划拨，不用缴土地出让费
开发经营权利	房地产开发公司开发经营	房地产开发公司开发经营	政府托地产公司开发，完工后交政府

自住房限制条件比经济适用房更加放宽，而价格比一般商品房低了不少，这样的条件无疑十分吸引人，因此对自住房周边的普通商品房价格造成了比较大的冲击。

会不会对房价构成冲击？

今年完成2万套
自住型商品房地块供应

明年完成5万套
自住型商品房地块供应

北京市国土局相关人士介绍，年底前完成2万套自住型商品房地块供应，明年还将完成5万套，将占新增住宅用地供应的50%以上。

自主型商品用房占比>50%

北京第一个自主型商品房小区是2011年房山长阳镇起步区6号地，该小区2000多套房开盘销售后，明显拉低了区域售价。

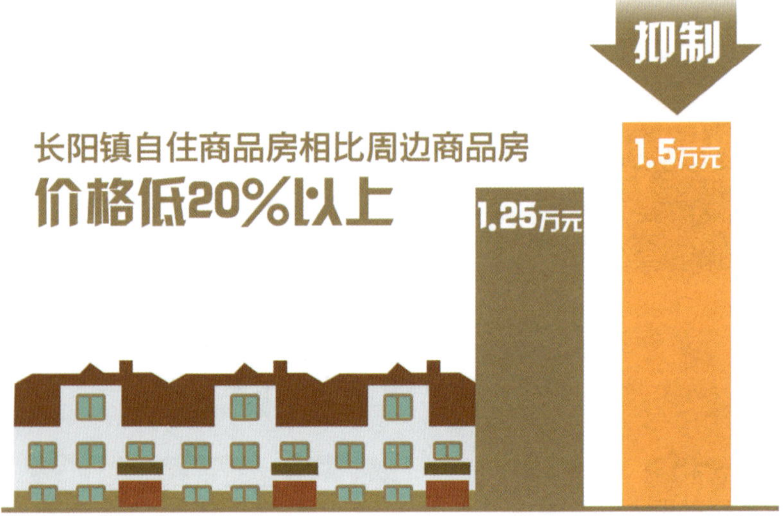

房山长阳镇自住商品房每平米售价　　周边商品房每平米售价

2014年2月20日，北京市首个自住型商品房项目申请家庭的非优先家庭开始现场确认，现场数百位申请者不顾“中签率为零”的忠告，仍然坚持现场确认，期待能够“捡漏”。

如何购买

如何购买自住型商品房

01. 开发商公示房源
购房家庭提出申请

02. 开发商将申请提交
至北京市房屋权属
审核购房资格

审核……

03. 开发商向符合购房
资格的人申请人销售

04. 开发商组织摇号，
确定选房顺序

摇号确定顺序··

按照目前的摇号规则，开发商将利用政府提供的摇号系统对申报人群进行摇号，而只有在优先家庭全部选过、房源仍旧有剩余的情况下，才可能对非优先家庭重复摇号、选房程序。

哪些人可以优先购买？

1. 本市户籍无房家庭，含夫妻双方及未成年子女，其中单身人士购买的要年满25周岁。

2. 已在轮候经济适用住房、限价商品住房的家庭。

然而，该楼盘房源共2000套左右，仅优先家庭报名数量已高达8.19万，总报名人数更是超过15万，中签几率约为75:1，数量极其不成正比。

增加自住房等保障性用房建设无疑对抑制房价十分有利，但是僧多粥少，如果不达到一定规模，控制房价仍然效果不佳。大规模建设自住房需要一个比较漫长的过程，看来，单靠建设保障性用房，这几年的房子还是便宜不了。

本章结语

根据国家统计局的数据，2014年的住宅价格下跌已成常态，诸多二三线城市成为房价下跌的主力军。

虚高的房价终于降了，但马上大跌是不现实的。因为如今买房已经不仅仅是一个小家庭的问题，而是关乎整体经济的大问题。

此前房地产业的畸形膨胀导致，如果房价骤然崩塌，经济动荡不可避免，到时我们将不仅仅是买不起房，甚至可能面临物价飞涨、失业率上升等更严重的后果。这也是为何一直强调让房价“软着陆”的原因。

房价能否持续、合理的降低，关键在于未来房地产发展能否趋于良性，风险是否能够消减，更关键的在于是否能够找到新的经济增长点来弥补房产业降温带来的漏洞，撑起经济的半边天。这将是一个漫长的过程。

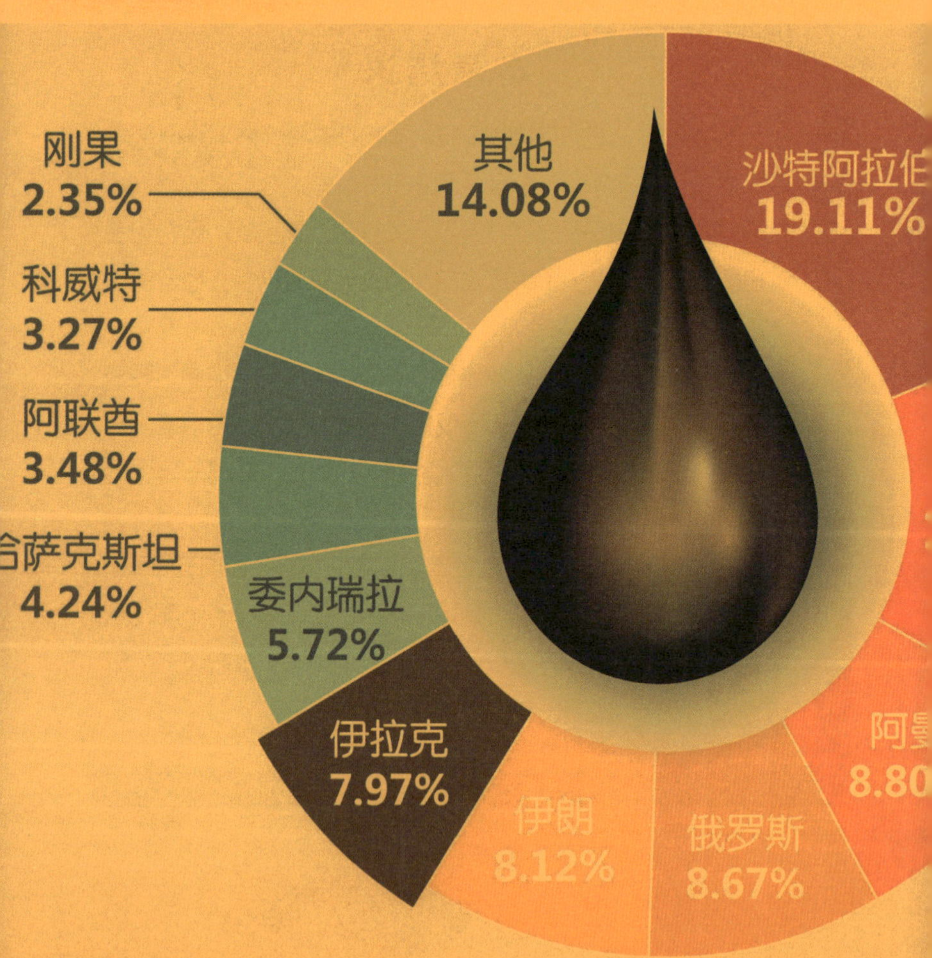

其他
14.08%
沙特阿拉
19.11%
刚果
2.35%
科威特
3.27%
阿联酋
3.48%
萨克斯坦
4.24%
委内瑞拉
5.72%
伊拉克
7.97%
伊朗
8.12%
俄罗斯
8.67%

第二章：关乎命脉的油气

油气资源，是指地壳或地表天然生成的，在目前或将来，经济上值得开采的，而技术上又能够开采的油气总和。通常是指在某一特定时间，估算出的地层中已发现（含采出量）和待发现的油气聚集总量。

现代工业离不开油气资源。

由于油气资源的重要地位，再加上我国油气资源的相对不足，我国油气资源的开发与利用整体由国有企业进行。但是因此带来的一些弊端也逐渐显现：垄断地位导致大型油气公司效率较低，资源利用率不够高等。如何在保证能源安全地位的情况下提高油气资源的利用率，是目前最需要解决的问题。

第一节 对外依赖度极高的石油

作为“百业之母”，石油能源在当今社会的重要性毋庸置疑，而且它在能源江湖中的“老大”地位在较长时间内都不会被动摇。对石油的占有率无疑成为各国对抗中的重要筹码。

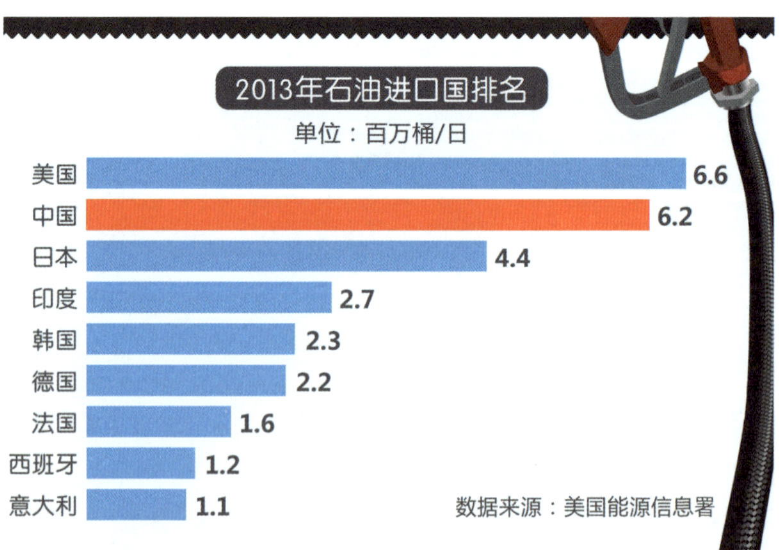

我国石油工业取得了一定成绩，但资源相对不足，石油储量增长难度大，石油对外依存度较高。2011年后，中国的原油对外依存度始终徘徊在50%到60%之间，预计2014年底将逼近60%，居高不下的原油对外依存度意味着保障中国能源安全刻不容缓。

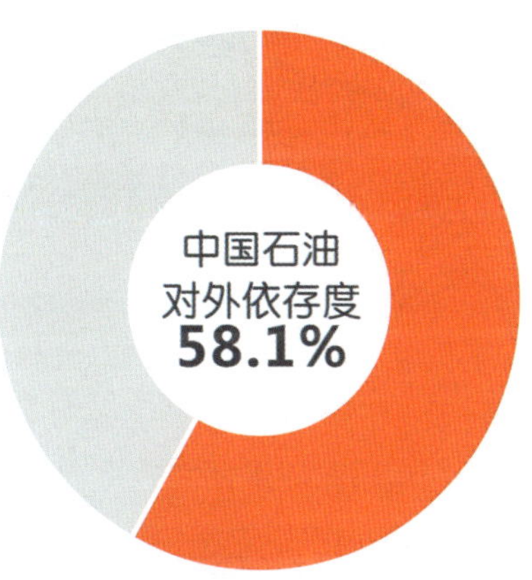

相关链接:海湾战争简介

海湾战争，即常说的波斯湾战争，是1991年以美国为首的多国联盟在联合国安理会授权下，为恢复科威特领土完整对伊拉克进行的局部战争。波斯湾位于西亚中部，盛产石油，战略地位极为突出。此次反侵略战争以美国为主导，以高科技军事力量轻松击溃伊拉克，而从其结果而看，该战争改变了石油市场的格局，令世界瞩目。

原油对外依存度，是指一个国家原油净进口量占本国石油消费量的比例，体现了一国石油消费对国外石油的依赖程度。

想要说明原油对外依存度在大国竞争中的重要性，可以想想俄罗斯的外交底气为何这么足。除了强大的军事力量之外，掌控了半个石油命脉的俄罗斯想不硬气都不太可能。

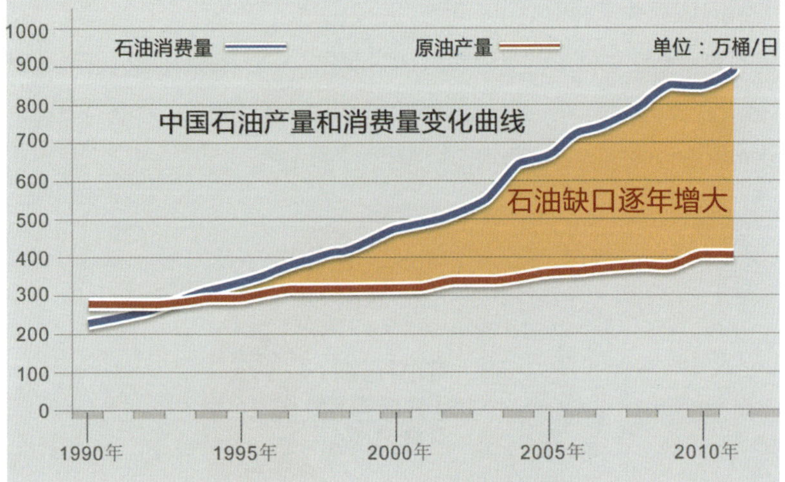

由于发展方式较为粗放，能源使用效率较低，中国原油消耗量在90年代超过产量之后一路飙升，目前中国一半以上的原油依赖进口，而且对外依赖程度依然在增长。

影响我国石油安全的因素分为国内因素和国外因素。国内因素大体分为石油资源的供应、石油资源的开发利用水平以及石油战略储备量。而国外因素大体分为获得国外石油资源的可能性、国外石油资源的价格以及国外石油资源的运输。

那么就有人要问了，中国的原油进口量这么大，伊拉克打仗会影响中国的石油安全吗?

其实不会的。大规模战争当然会影响石油战略安全，也就是会影响上述因素中“获得国外石油资源的可能性”，但是小范围爆发的战争并不能动摇我国石油战略安全地位。要知道，中国的石油进口来源是非常广泛的。

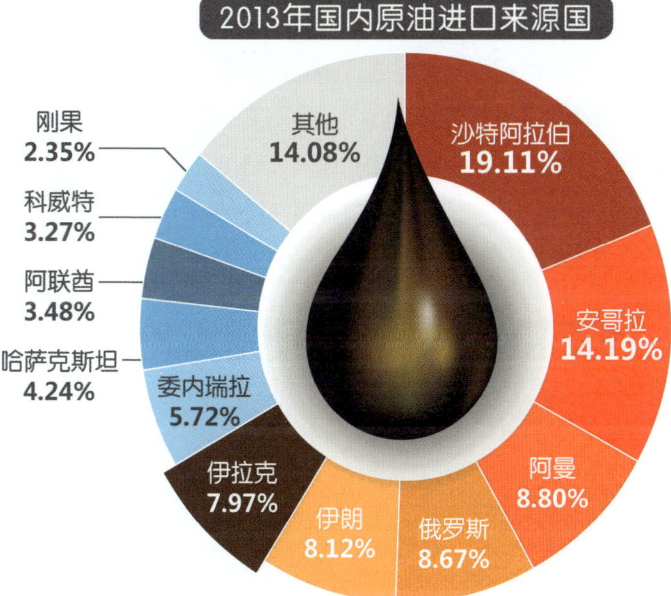

从上图可知伊拉克在中国石油进口来源中占比例并不大。下面以苏丹为例，来看一下某一国家的石油进口量锐减对我国能源安全造成的影响：

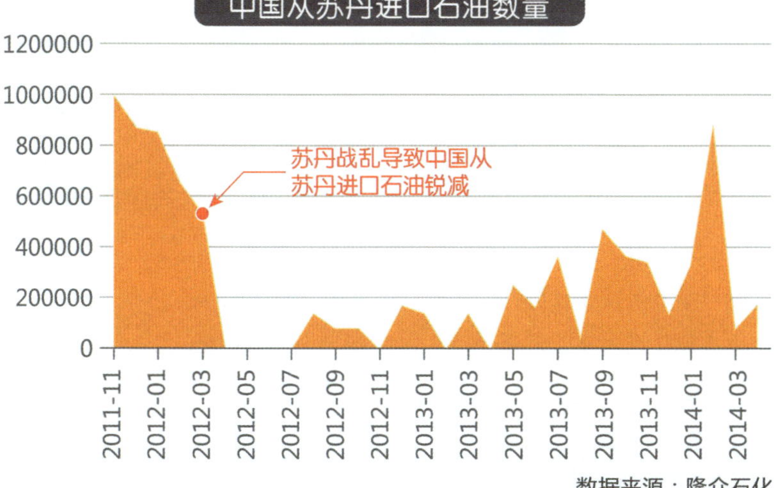

数据来源：隆众石化

此前苏丹分裂后，苏丹的石油出口困难，导致中国从苏丹进口石油量锐减。虽然如此，同时期中国石油的进口量却仍然在不断攀升，因此可以看出某一两个国家的战乱或特殊情况并不会让中国出现“油荒”。

我国石油主要进口来源地区位于中东海湾地区。

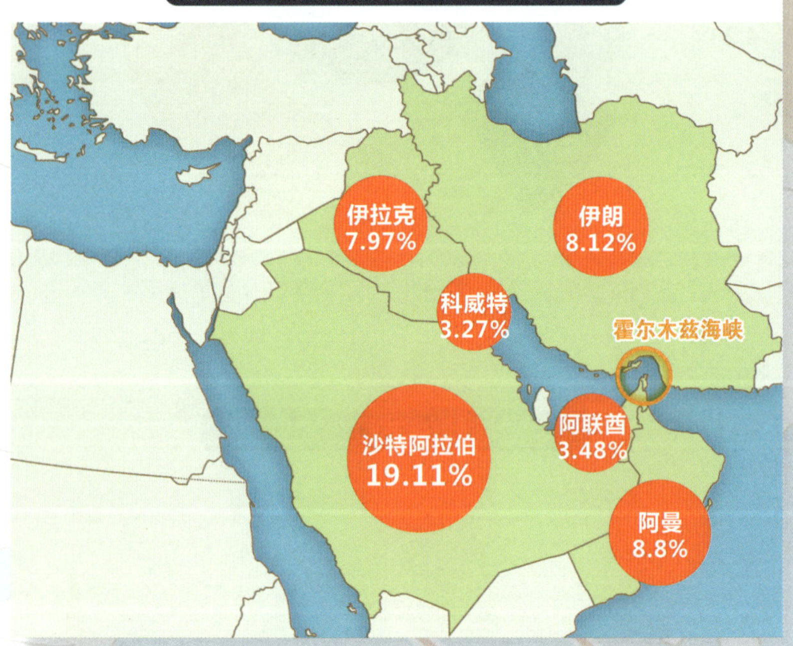

中国的石油进口严重依赖中东地区，每年通过霍尔木兹海峡运往中国的石油，占到中国石油进口总量的50%，一旦霍尔木兹海峡因战乱等原因被封锁，将严重威胁中国石油安全。

中国海上石油进口航路示意图

为了防止海运风险，中国正在积极拓展石油进口渠道，以求将石油和天然气的输送管道网络，绕开霍尔木兹海峡和马六甲海峡。

中国石油管道网络建设

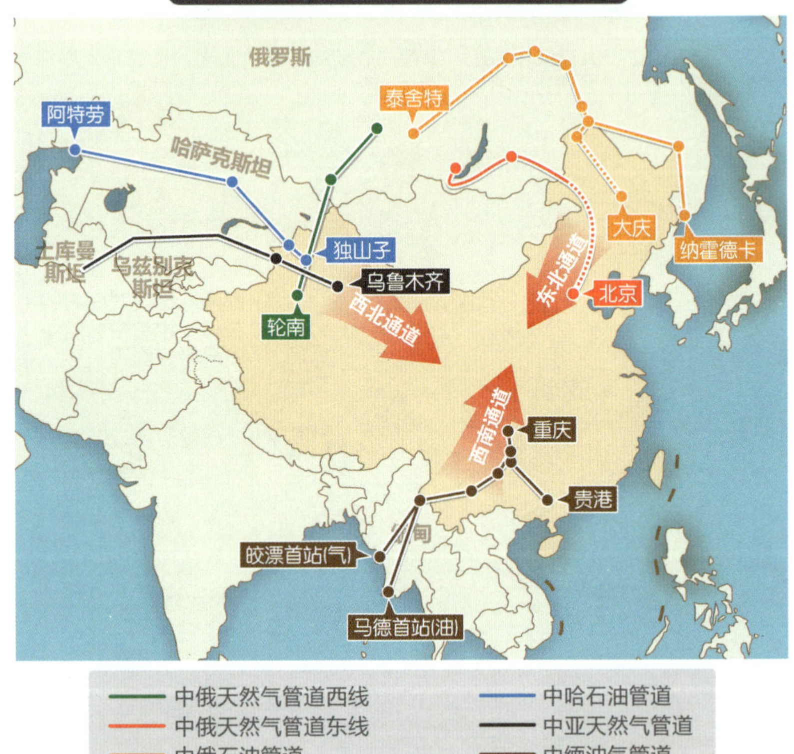

除了拓展石油运输管道网络，积极增加石油战略储备也是保障能源安全的重要方式。

战略石油储备制度起源于1973年中东战争。按照当时国际能源署要求，成员国至少要储备供全国使用60天的石油，主要是原油。上世纪80年代第二次石油危机后，要求又增加到90天。

为了增加石油战略储备天数，第一期中国石油战略储备基地已经建成，第二期也正在建设中。

中国的第一期石油战略储备基地均在沿海地区，第二期石油战略储备基地建设的重心明显向内陆地区移动，新建了独山子、鄯善、兰州等储备基地。

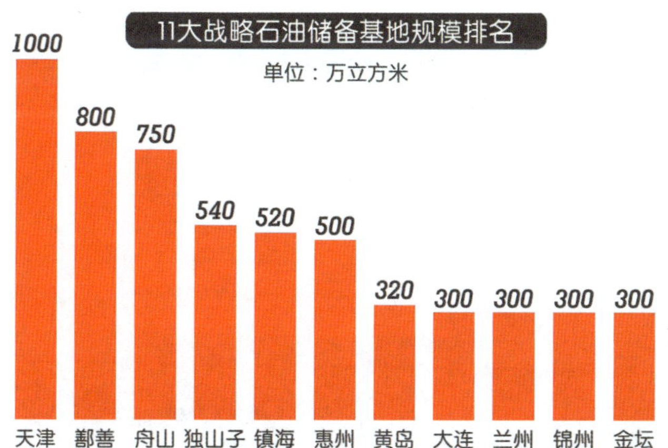

预计二期石油战略储备基地建成之后，中国的石油战略储备时间将达到90天以上，达到发达国家储备水平，保证中国能源安全。

第二节 低质汽油与油品升级

还记得那场史诗般的雾霭吗？一切都笼罩在PM2.5的灰霾之下，电影《寂静岭》里的场景。在那之后，PM2.5的概念被熟知，众人“谈霾色变”，而全国中东部地区各城市至今仍不断被雾霾骚扰，蓝色的天空成为奢侈。

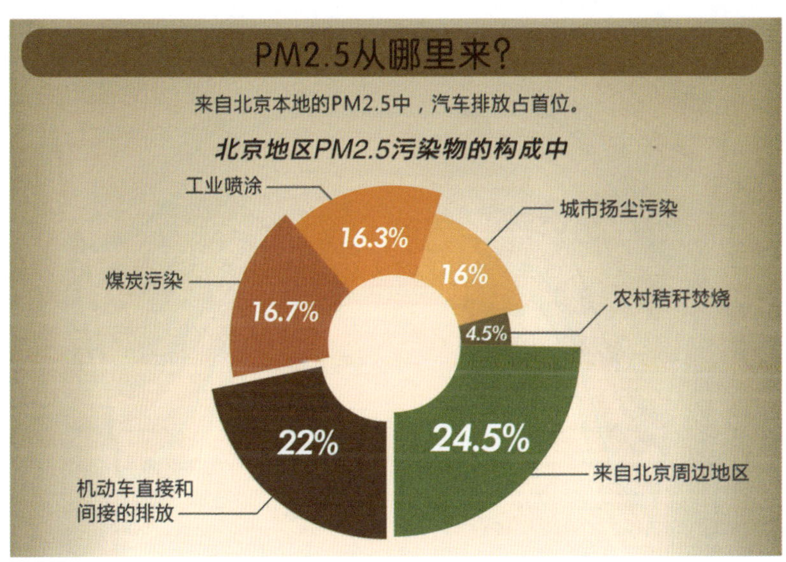

在PM2.5污染物成分来源分析中可以看到，机动车排放量占据比较大的比例。而来自北京当地的PM2.5中，汽车排放更是占据首位。

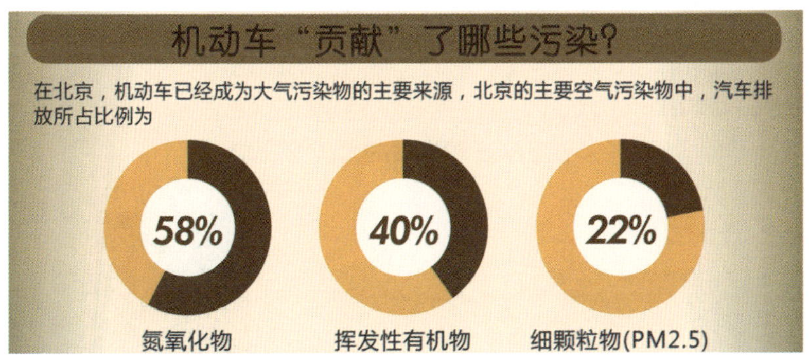

那么，机动车污染是不是由于机动车数量过多？

差不多大的国土面积，中国的汽车保有量只有美国的一半不到，为什么空气却差那么多？

我国汽车保有量区域性不平均，导致东部地区比西部地区雾霾严重。但这只是其中一个原因，而且并不是主要原因。

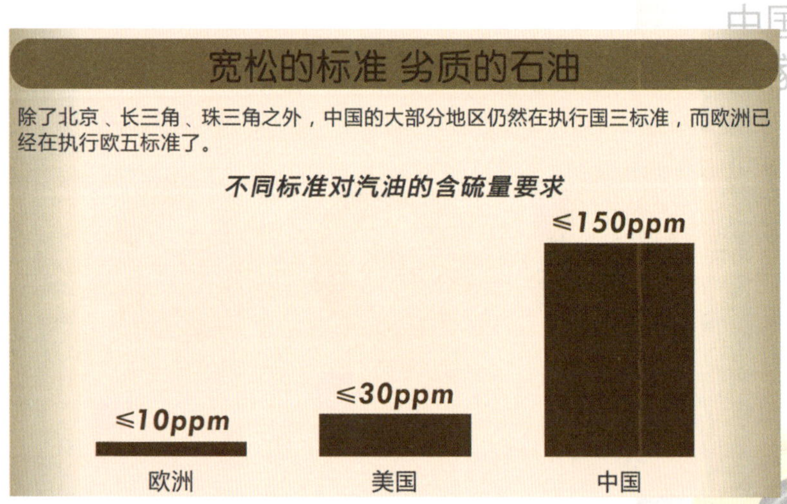

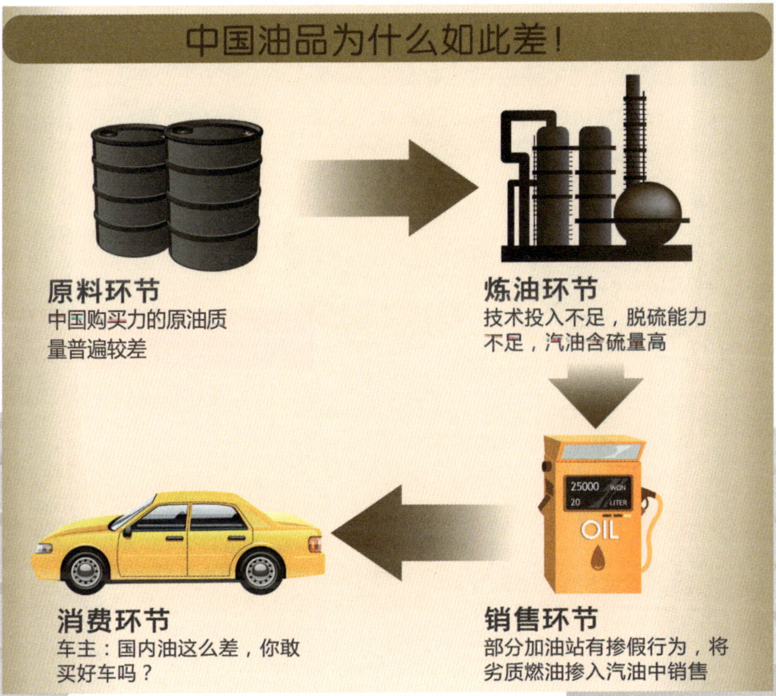

中国油品为什么如此差！

原料环节
中国购买力的原油质量普遍较差

炼油环节
技术投入不足，脱硫能力不足，汽油含硫量高

销售环节
部分加油站有掺假行为，将劣质燃油掺入汽油中销售

消费环节
车主：国内油这么差，你敢买好车吗？

宽松的标准再加上各个环节的疏漏，汽油质量不差才奇怪吧?

劣质汽油已经严重影响了我们的正常生活，国四排放标准应运而生。

国四排放标准是国家第四阶段机动车污染物排放标准的简称，主要是指通过应用先进科技，达到控制和减少汽车排放污染物到规定数值以下的标准。但是，汽车排放标准并非仅靠整合汽车技术能够完成，没有配套国四标准的优质油品，就无法顺利实施。

国四标准为何迟迟难产？

油炼化企业将产品全部升级为国四，需投入500亿元

20038 亿元
中石油
2011年总收入

25056 亿元
中石化
2011年总收入

500亿元
生产国四标准汽油所需投入

车用汽柴油由国三标准升级为国四标准，成本上涨约为0.12元/升-0.15元/升，合160元/吨～200元/吨

以天津市为例

天津市90号汽油售价
9075元/吨

将汽油环保标准提升到国四需要加价
200元/吨

由于油价上调需要发改委批准，升级油品需要更新设备，大大降低了三大油企的积极性。

油品升级虽然困难，但是为了保护环境，节约能源，升级是绝对必要的。如今，国四标准尚未顺利实施，国五标准又被提上了日程，其对氮氧化物、碳氢化合物、一氧化碳和悬浮颗粒等机动车排放物的限制更为严格，油品升级势在必行。

但是，油品升级就要增加成本，成本该从哪来？

消费者

70%

升级油品成本费

涨价的理由总是不缺的……

消费者为主要承担着

油企
30%

油品升级要消费者买单？按一般情况来说，成本增加就要涨价，无可厚非。但是实际上我国的石油公司开采业务和炼油业务是独立核算的，中间再通过国际油价进行结算。这种特殊的核算方式使得虽然单看其中一个环节是亏损状态，但是综合评定的话未必不赚钱。如果在盈利的情况下再加上国家补贴，油品升级的成本是不是应该自己多承担一些呢？

油价上涨时……

油价上涨导致独立核算的炼油业务成本上升，出现亏损。于是炼油业务得到补贴。

采油业务

炼油业务

油价下跌时……

油价下跌导致独立核算的采油业务收入下降，出现亏损。于是采油业务得到补贴。

采油业务

炼油业务

作为国有企业，我国的炼油公司担负着全国用油重担，国家给予大量补贴的目的是为了保障全国人民用油需求，可是油品升级是石油企业应尽的责任，在享受政策优惠的同时，责任也应承担的更多。

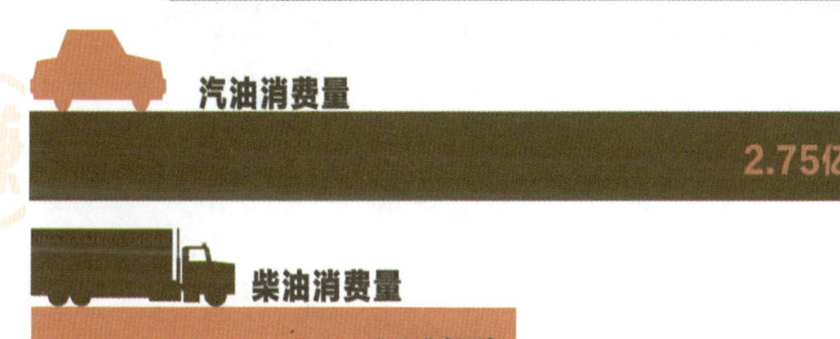

按照2012年的消费量，国四、国五升级后，消费者每年比以往多承担：

对于大部分私家车主而言，用油成本虽然提高了，好在承担起来并不算太困难。但是对于跑长途运输的物流业，油品升级后增加的成本不能小觑。

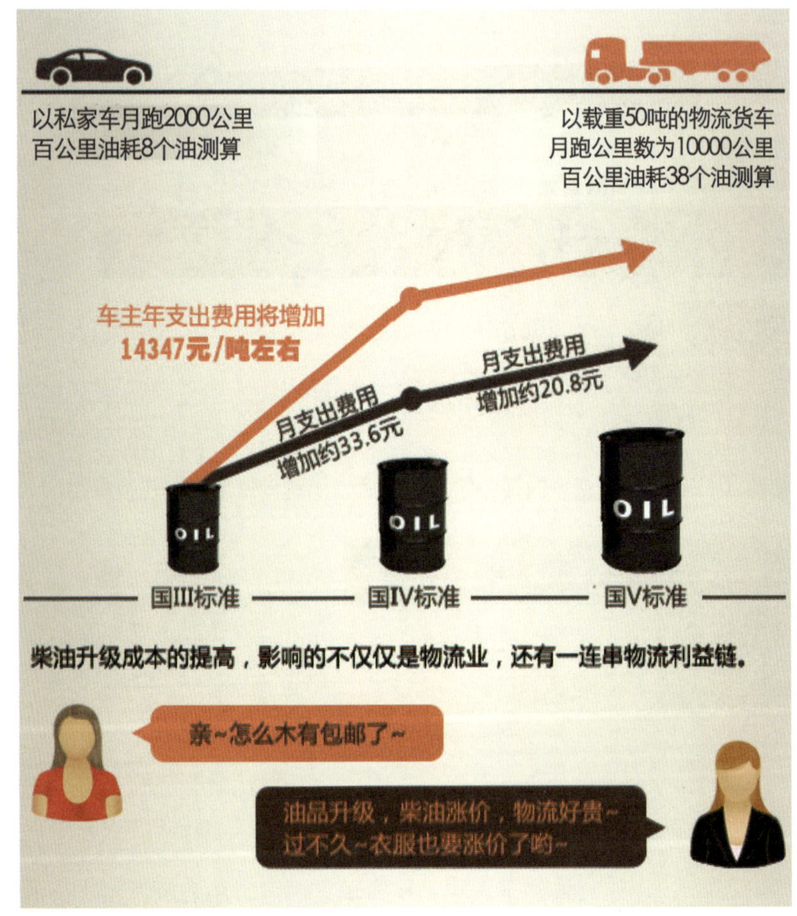

看似油价只上涨了一点点，但是影响却是全方位的。因此关于油价上涨这件事，还请三思啊！

本章结语

能源战略是相当复杂的概念，要保证我们有车开、有油用，又要保证我们国家的油气战略地位，还要保护环境，要几者兼顾，改革必不可少，但是也不可能操之过急。

中国1亿美元GDP所消耗的能源是12.03万吨标准煤，大约是日本1亿美元GDP所消耗能源的7.20倍、德国的5.62倍、美国的3.52倍、印度的1.18倍、世界平均水平的3.28倍，同时中国的主要矿产资源对外依存度逐年提高，石油、铁矿石等均已超过50%，中国的资源不能在这么浪费下去了。节约资源，发展集约型经济，才是改善中国能源安全最重要的手段。

对于石油，希望专家们多多努力，献计献策；企业能够更有公益心，在获取利润的同时更多地承担相应的义务。而普通民众除了要看得清楚，用的明白，勇于提出意见和建议，还要有足够的耐心等待改革带来的变化。这就是我们目前能做的。

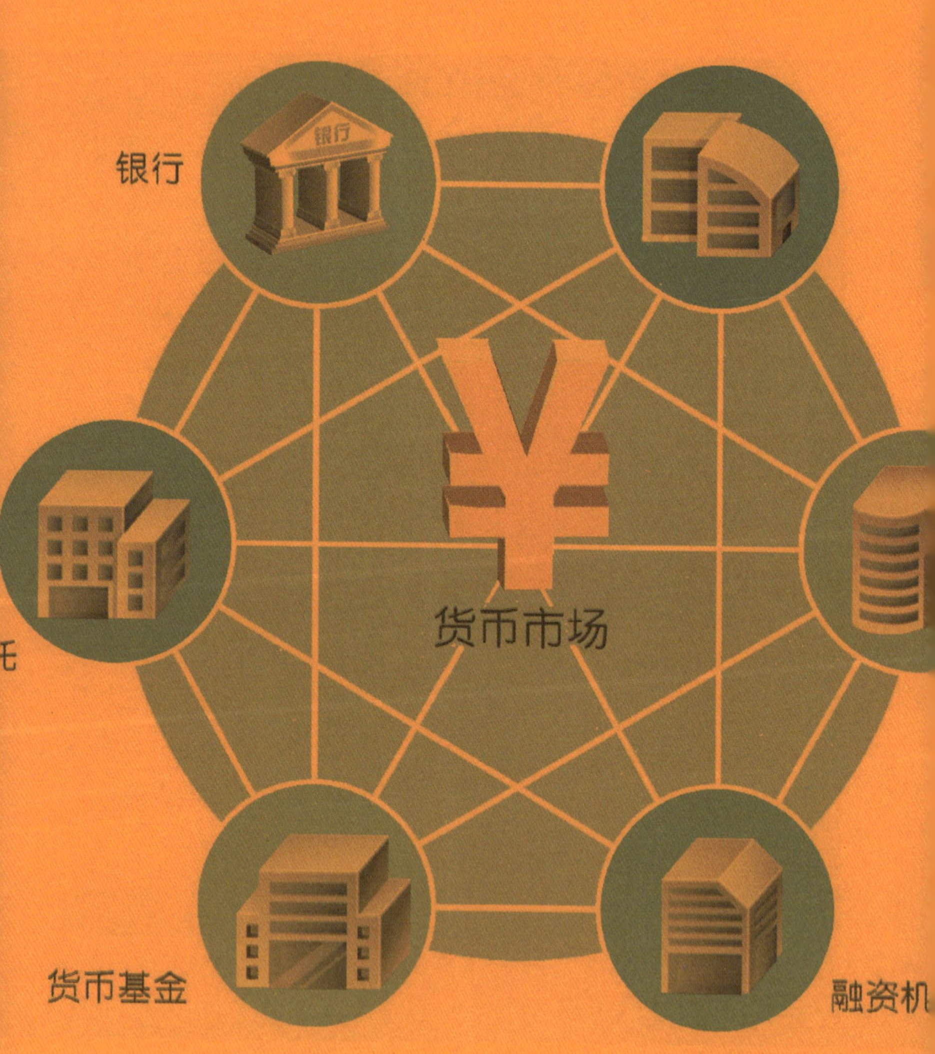
银行
银行
货币市场
货币基金
融资机

第三章：看懂摸不透的金融业

金融业一直给人的感觉是“高端、大气、上档次”，谈起做金融就想到了华尔街那些西装革履不停打电话发邮件的精英们。

可是自打余额宝一上市，人们才惊讶的发现，原来金融存在在身边的任何一个角落，甚至一部手机、一台电脑就可以让每个人轻松完成一笔投资。金融业参与越来越方便，金融知识有时候就显得不那么够用了。为什么银行这么有钱？为什么余额宝的收益时高时低？种种疑问提示着：

我们已经进入了一个金融大科普的时代。

本章以普及金融知识为主要目的，为了通俗易懂，部分描述并不完全准确，不可作为学术研究之用！

第一节 银行是怎么赚钱的?

银行，之所以得此名称，就是因为钱多。

谁都知道，在中国，银行最有钱。2013年世界五百强排名前一百名之中，中国公司有13家，其中银行就有4家，分别是中国工商银行、中国建设银行、中国农业银行和中国银行。

由于我国的特殊经济体制，银行业的市场竞争并不充分，因此银行的个个都是“土豪”。那么银行的钱都是从哪来的呢?

银行的钱从哪来?

大家都知道银行是最赚钱的行业之一，可是，银行的钱究竟是怎么赚的?

其实银行和普通商人一样，也是低价进货，高价卖出，牟取其中的差价。唯一不一样的是，银行的“货物”是钱。

普通商人从工厂买来商品，以零售价卖给顾客，零售价高于批发价，商人在这样的交易中获利。

银行从储户那里以较低的利率借来钱，再以较高的利率借给企业，就是银行的赚钱之道。和商品的价格一样，当贷款的需求更加旺盛，利率就会升高。对于银行来说，利率就是资金的价格。

风险与利率

银行贷款给10家企业，大部分企业生意都进行的不错，但是有可能有一家亏本了还不上钱，于是这就成了银行的风险。

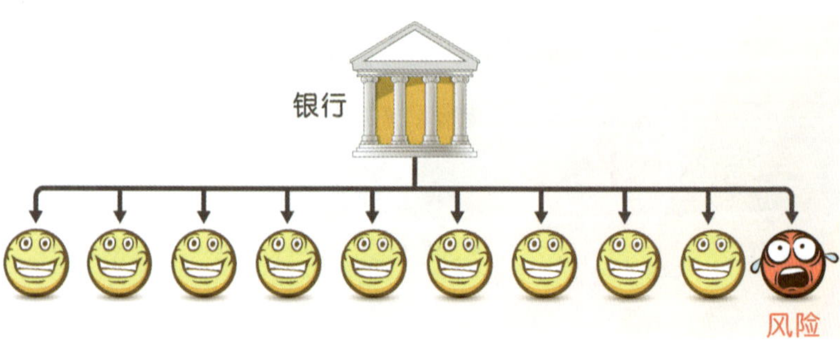

因为有企业还不上钱，但是银行还是要把钱还给储户，所以如果遇到风险，银行会损失一部分利润。

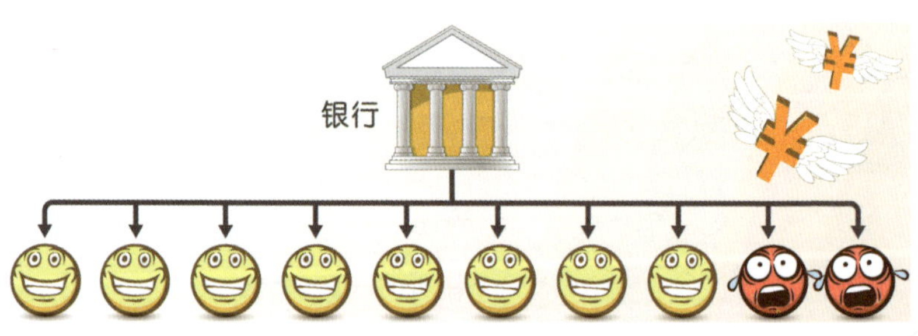

于是，风险越高，银行就要求利率越高。对那些贷款不还的企业，银行会把他们的信用列入黑名单，就再也拿不到贷款了。

除此之外银行会针对不同的企业规模、不同的行业类型给出不同的贷款利率，以保证银行的利润最大化。

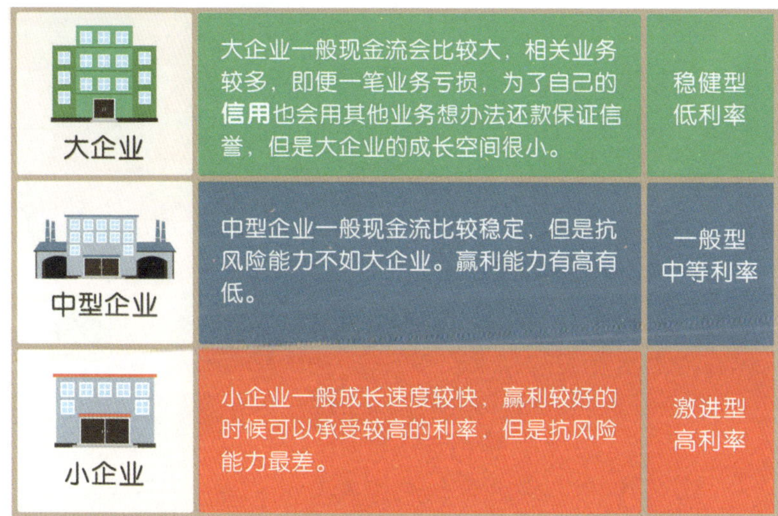

大企业	大企业一般现金流会比较大，相关业务较多，即便一笔业务亏损，为了自己的**信用**也会用其他业务想办法还款保证信誉，但是大企业的成长空间很小。	稳健型 低利率
中型企业	中型企业一般现金流比较稳定，但是抗风险能力不如大企业。赢利能力有高有低。	一般型 中等利率
小企业	小企业一般成长速度较快，赢利较好的时候可以承受较高的利率，但是抗风险能力最差。	激进型 高利率

利率管制

上面说的那些都是理想状态。由于经济发展情况的历史限制，在我国是存在利率管制的，一般来说，央行制定一个基准利率之后，给商业银行一个自己调整的空间，然后由商业银行自己制定最终利率。

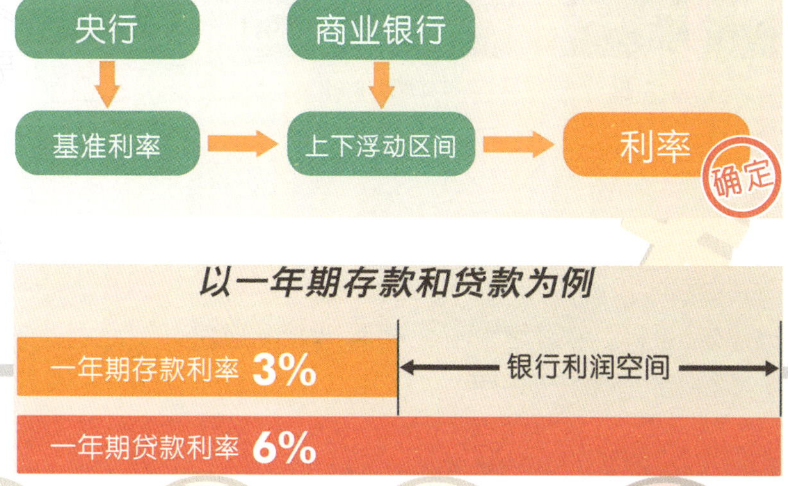

即使存在利率管制，巨大的利差空间仍然给银行提供了丰厚的利润，也让他们容易产生惰性。一般银行会给不同行业，不同规模的企业不同比例的贷款以保证银行在风险可控的基础上获得最大的利润，避免把所有的鸡蛋放在同一个篮子里。

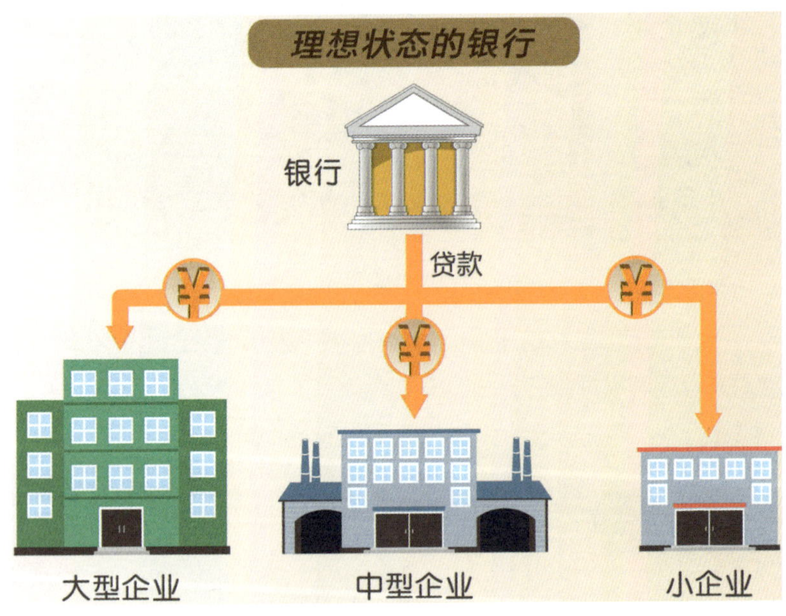

我国的商业银行，由于利率并没有参与市场化的完全竞争，因此在利息上并不缺少利润空间。再加上存贷比管制、坏账率管制等诸多管制，银行更愿意把资金投向有保障的国企方向：

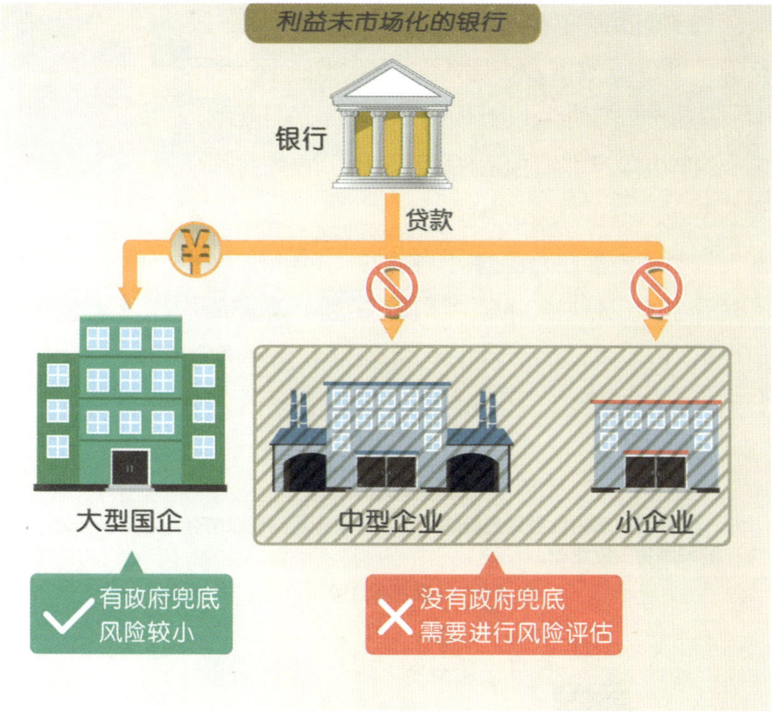

利益未市场化的银行

银行

贷款

大型国企

中型企业

小企业

有政府兜底
风险较小

没有政府兜底
需要进行风险评估

民企的贷款需求非常强烈，于是某些给民企放贷的民间机构开始扩张，房地产、政府融资平台等不容易获得贷款的项目，也开始从这些渠道获得资金。由于这些机构的利率很高，银行开始将其表内业务转移到表外，来获取更高的利润。

银行的表外业务包含担保类业务、承诺业务和金融衍生交易类业务。例如我们平时在银行购买的理财产品，其实就是银行与第三方金融机构合作的表外业务，银行在这其中只是充当了一个中介的角色。

表内业务

银行的表内业务最主要的是贷款，银行从民间吸纳存款之后以一定的利率贷款给企业。

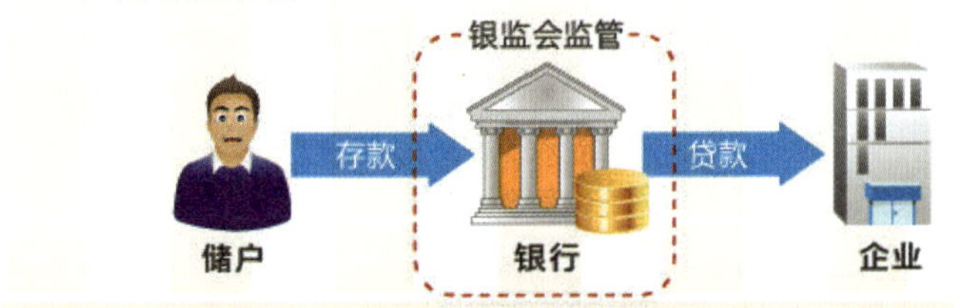

表外业务

针对这种情况央行如何宏观把控？

针对这种情况，2013年7月央行取消了金融机构贷款七折利率下限，这是央行明确推进利率市场化的重要举措。

这次的改革影响了谁？

按照设想的状态，利率降低应该有利于资金不足但是有优势项目的企业发展。可是事实上，效果并不那么理想。

对企业的影响

由于民间融资利率已经非常高了，因此银行很少低于央行基准利率贷款给企业。但是交通银行首席经济学家连平表示，央行统计数据显示2013年一季度以来加权贷款利率呈现下行趋势，放开管制后，不少大中型企业拥有一定的议价能力，有助于推动贷款利率下行。

当然，对于低于基准利率的贷款，还是有相当一部分的需求量。尤其是一部分国企“老资格”，在之前的很长一段时间由于盲目扩张，过度依赖贷款，再加上改革后部分企业不能及时适应市场机制，导致负债率过高。低利率的贷款有助于国企在改革的过程中正常运转。

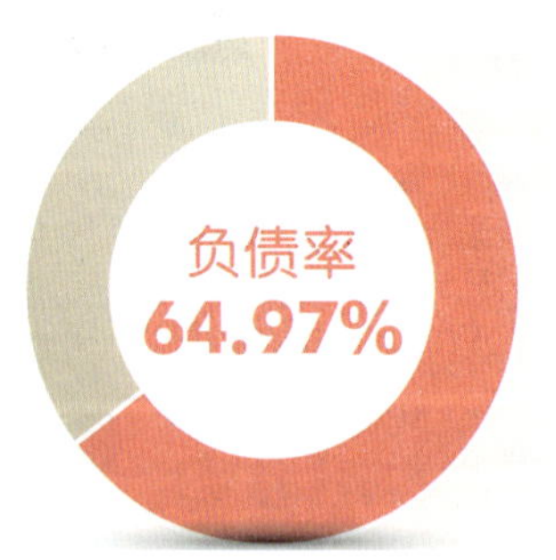

2013年全国国企营业总收入46.47万亿元，累计负债91.10万亿元

财政部2014年1月21日公布国有及国有控股企业经济运行情况，去年全年国有企业累计实现营业总收入46.47万亿元，同比增长10.1%，实现利润总额2.40万亿元，同比增长5.9%。另外，国有企业资产累计91.10万亿元，负债率为65%。也就是说，虽然国企营业状况有所好转，但是负债率仍然居高不下。

单纯依靠低利率贷款借贷还钱，国企仍然将陷入一个死循环。发展的关键所在应该是拓宽思路，转变以往的生产方式，勇于面对市场挑战。

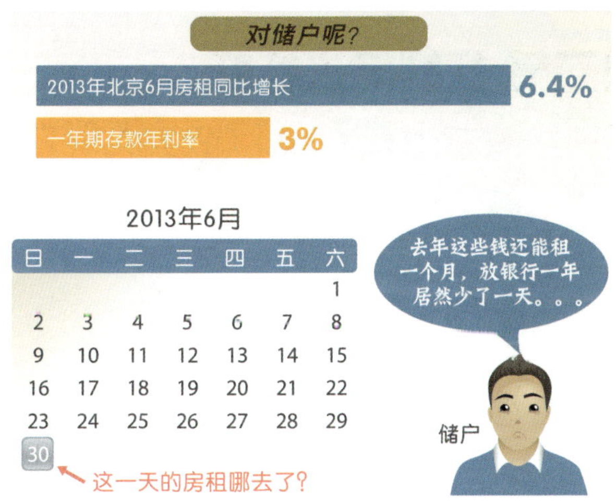

好吧，如果你去年把一个月的房租放到银行里存定期一年，今年连本带利的取出来租房子，就会发现去年还能租一个月的钱今年只能租29天了。利息永远赶不上租金涨得快，理财吧，还是别靠储蓄了。

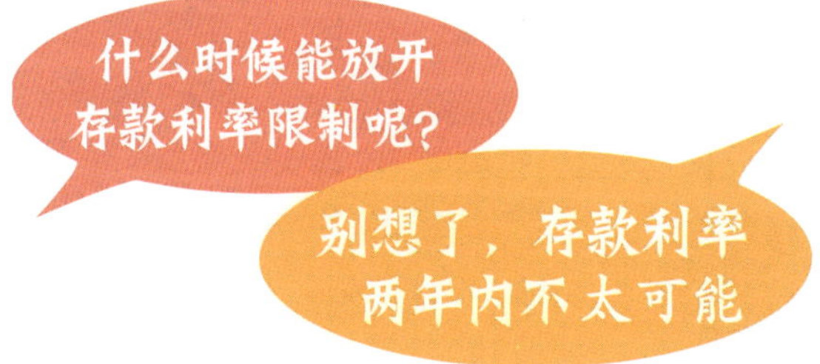

利率市场化是一个艰难而复杂的过程，需要其他改革配套，单纯的设想是行不通的。过去漫长的时间积累下来的金融习惯很难改变，但是一定要改变，如果不能够学会适应市场，则必然会对市场运行造成阻碍和扭曲。我们距离真正的利率市场化还有很长的路要走，好在，已经在路上。

第二节 杠杆与去杠杆

流动性是什么?

在财经新闻上我们经常可以看到类似于这样的标题:“市场进入去杠杆化期”,“推动去杠杆化进程”,“主动去杠杆”等等,去杠杆到底是什么意思呢?估计没有学过经济学的人看到都觉得有些云里雾里。在说明杠杆和去杠杆之前,我们需要先来看一下什么是“流动性”。

一个偏远的小镇上,很多人都欠了债。这天来了一个外地人,看起来很有钱。外地人来到一家饭馆,拿出一千块钱,说要吃顿饭,旅馆老板马上把一千元还肉店老板的肉钱,肉店老板又拿这一千元还了养殖场的猪钱,养殖场老板又还了饲料店的一千元饲料钱,饲料店老板又拿钱还了饭馆老板一千块饭钱。这时外地人说有事要马上走,不吃了,又把钱拿走了。

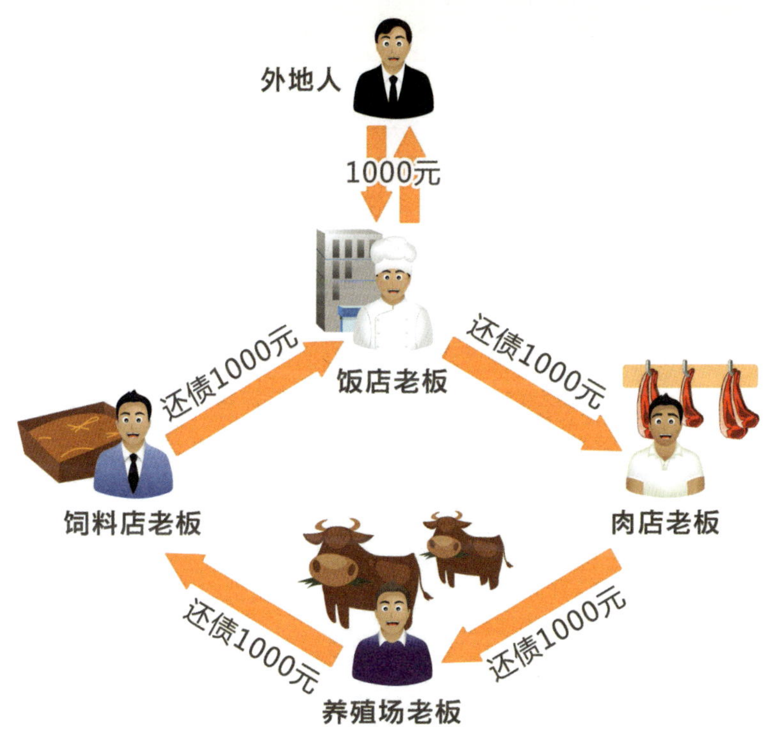

故事的最后钱还是拿走了，但是每个人欠的债都还清了。

外地人给饭店老板的1000块，可以看做是一种流动性。资本流动起来，经济才能运转，才能赚钱，而那个小镇上的人就是因为太缺乏流动性，无法让钱流动起来。而放大到整个宏观经济的层面上来看，流动性，就是指在经济体系中货币的投放量的多少。

银行与流动性

在一个真实的世界里，上面故事中那个外地人被银行替代。有多余的钱的肉店老板、养殖场老板、饲料店老板把钱存到银行里，然后银行贷款给饭店老板，饭店老板用这些钱卖肉，然后做成饭卖给饲料

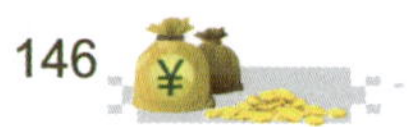

店老板，实现盈利之后再还给银行。

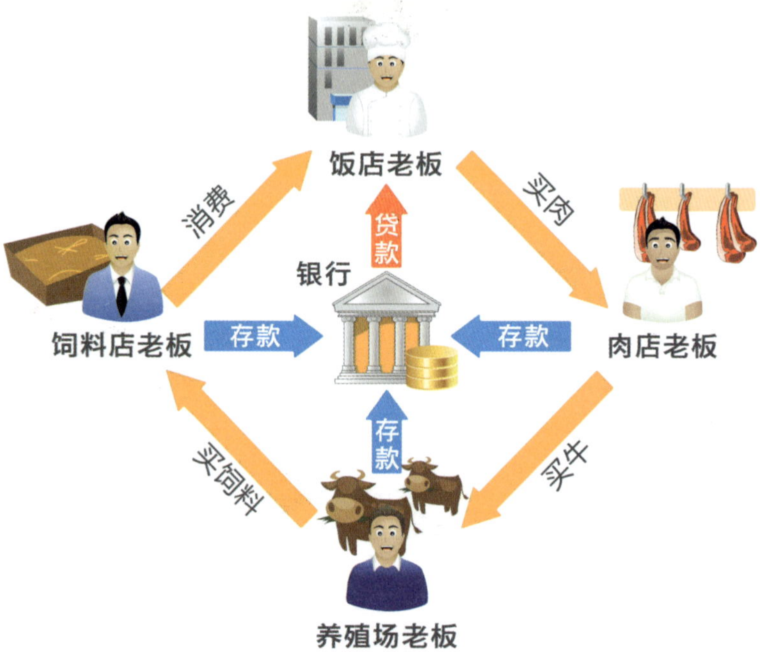

饭店老板
消费
买肉
贷款
银行
饲料店老板
存款
存款
肉店老板
存款
买饲料
买牛
养殖场老板

银行的赚钱背后的信用扩张

储蓄
取款
贷款
还款
储户
银行
企业

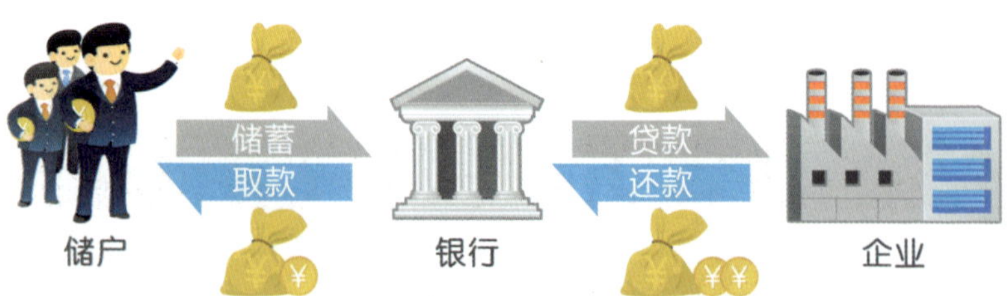

银行从储户那里借来一笔钱，是不是这笔钱只能贷给一家企业呢？并不是这样的。现代社会用钱大部分是银行转账，极少有人会取出大量现金使用，因此银行把一笔钱划到某一家企业的户头时，存款实际上还在银行里，并没有被提出来，贷出去的只是账面上的一个数字而已。

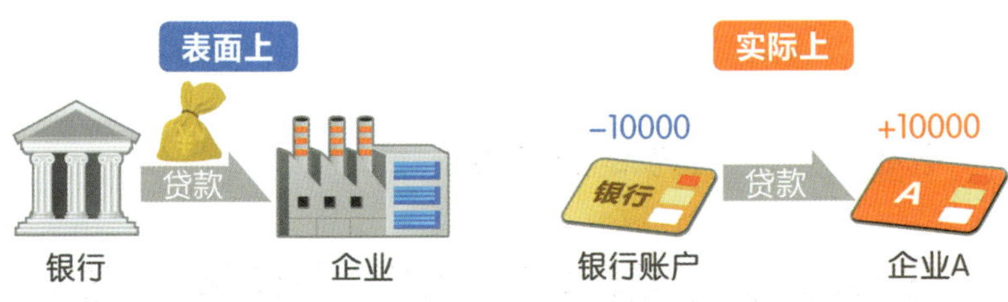

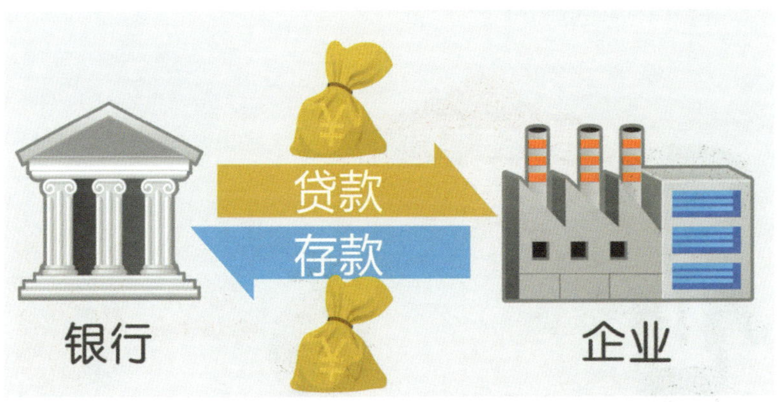

因为贷出去的款项实际上对应的现金还是在银行里，因此银行又可以把这笔存款放贷给另一个企业了。这就是所谓的信用扩张。

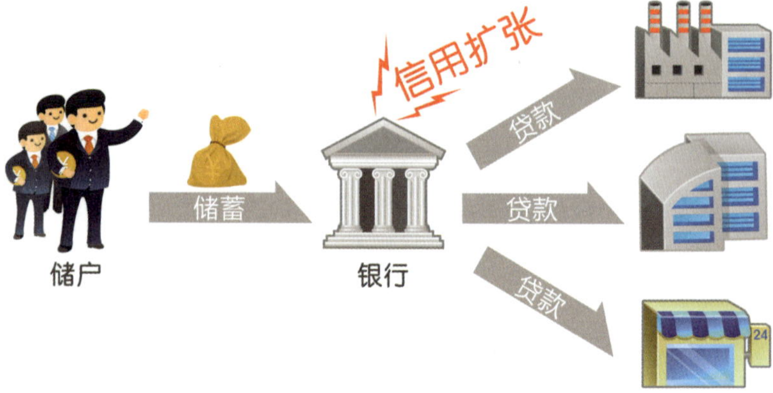

信用扩张的另一面就是杠杆交易：

什么是杠杆交易？

在没有杠杆的状态下：

老张想赚的更多怎么办？
最简单的办法就是
加杠杆

利用银行资金，老张用一倍的资金撬动了5倍的资金。

过了两年

注：在国家出台二套房70%首付等政策之后，这种方法已经行不通了，小伙伴们别想了……

用一套房子的钱，撬动五套房子的升值收益，其实就是**金融杠杆**的一种。

杠杆是金融业最常用的手段

当然杠杆在金融领域的应用绝不仅仅是买房子，最常见的是期货交易时的杠杆。一般期货交易时，投资者只用先交5%的保证金，就可以撬动100%的交易。

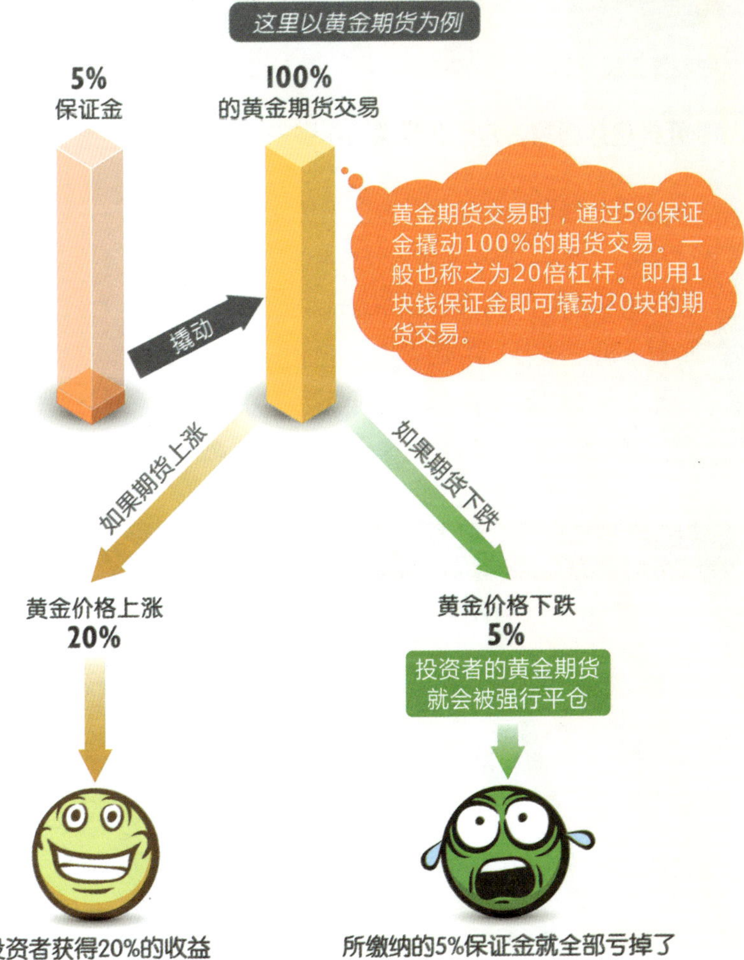

当然期货中的杠杆交易并不需要从银行贷款获得资金，但是依然是一种杠杆交易的手段,可以在交易中将收益瞬间放大数倍。

由于杠杆交易可以迅速的扩大收益，在很多金融交易中都有杠杆交易

黄金等贵金属交易

外汇

各种期货交易

股票证券

杠杆这么厉害，为什么国家还希望去杠杆呢？

像这样，通过银行体系，很少的真实的钱创造了庞大的账户数字，同时实体经济又用这些钱来放大了自己风险和收益，看起来似乎不错。在经济运行良好的时候，储户拿到了更高的利息，企业也拿到了贷款，银行更是赚取了大量利润，可谓多赢的结果。但是如果经济状况不好，就会引发一系列问题。

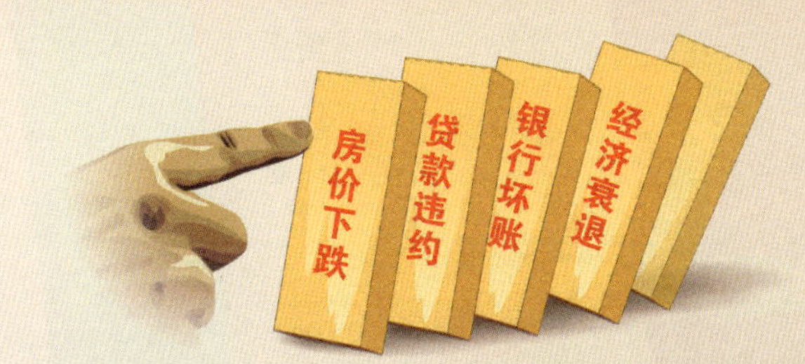

一旦房地产价格下降，地产商的房子卖不掉了，银行的贷款收不回来了，买房者的房贷还不上，破产了……所以金融杠杆是放大收益，也放大风险。而且有时候被杠杆放大的风险并不仅仅只影响投资人本身。可能会产生连锁反应诱发系统性风险。

从宏观层面来看的话，如果经济出现下滑，而银行的信用扩张过于激烈的话：

很多像老张那样的贷款人就无法偿还贷款，企业的贷款收不回来，于是把银行拖入泥潭。

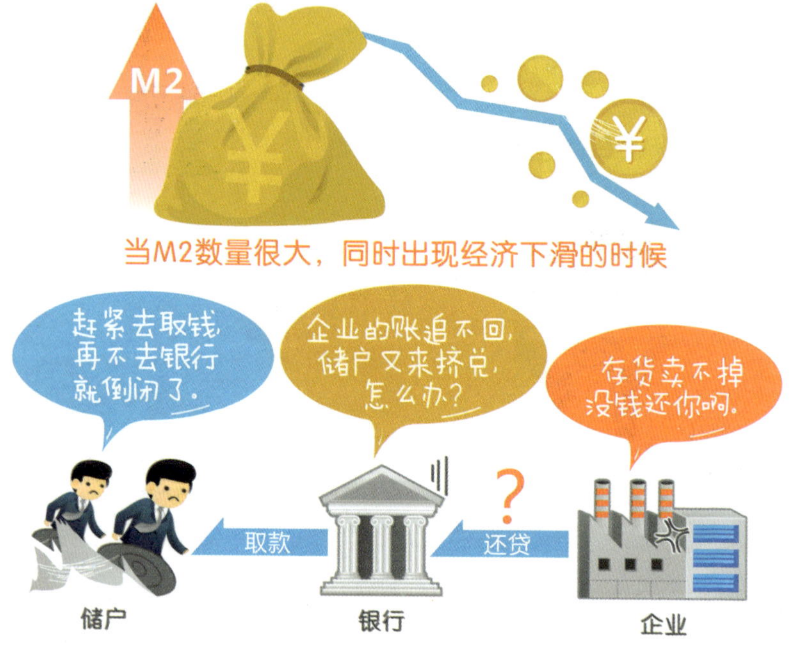

而从银行大规模借债的并不是只有老张这样的私人和企业，其实地方政府也牵扯其中：为了增加GDP，地方政府大量借债来进行投资，导致了地方政府的高负债问题。

地方财政的金融杠杆

由地方政府将一块土地划拨给地方债务平台，这块土地的增值预期4亿元，再用1亿元作为资本金。以这5亿资产做抵押，按照65%负债率计算，可以融资约9亿元。

中央银行如何宏观把控？

存款准备金率

为了控制银行的信用扩张，中央银行设置了准备金的规则。也就是说，将银行存款的一部分交给中央银行来保管，作为准备金，存款准备金率就是该款项占存款总数的比率。通过这种方式，可以防止商业银行盲目放贷导致银行没有充足的资金来兑现储户的存款。

以中国为例，银行等金融机构的准备金率是20%，也就是说。每一笔存款的20%要上缴央行作为准备金。

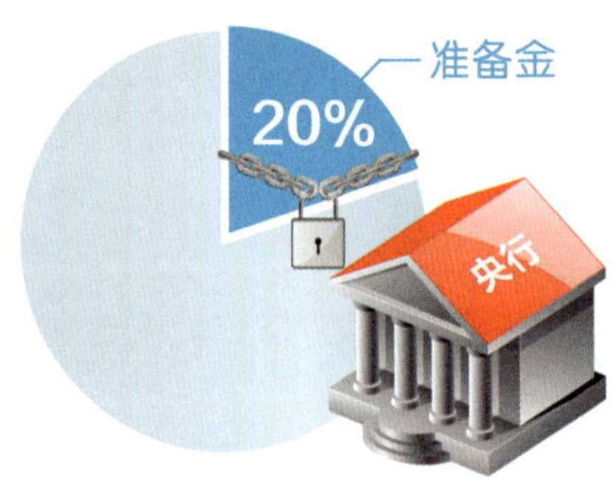

准备金是如何发挥作用的？

在没有准备金的情况下，理想情况中银行可以将货币无限量的扩张。虽然实际上这并不可能发生，但是对于银行来说，确实有很大的操作空间。

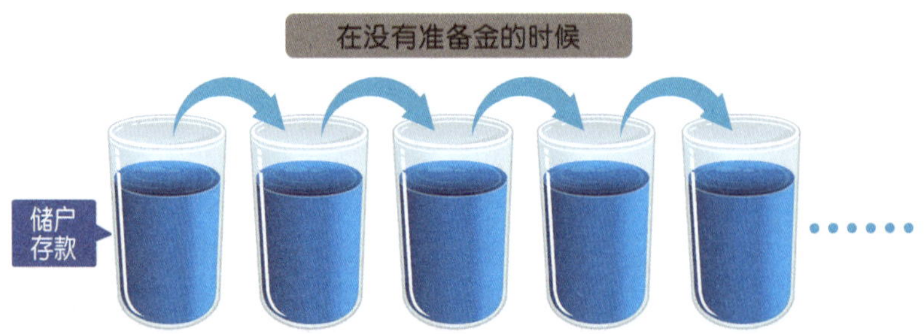

比如说，银行可以把储户的钱贷给企业，钱到了企业在银行的账户上之后，相当于银行又有了一笔存款，于是银行可以继续把这笔钱贷给下一家企业，形成了理论上的无限循环。

注：虽然实际上这种情况不会发生，银行也必须要考虑这样做需要承担的风险，但是银行的确可以通过这种手段将信用扩张几倍甚至更多。

在准备金率为20%的时候

存款准备金

储户存款

储户账户　企业A账户　企业B账户　企业C账户　企业D账户

每当银行收到一笔存款的时候，就要将其中的20%交给中央银行保管。这意味着每次银行将手中的钱划入一个企业的账户的时候都需要交一笔准备金，于是银行就没有办法无限制的扩张自己的信用了。

如果中央银行要求存款准备金率20%的话，那么在理想状态下，银行最大能够讲信用扩张5倍。

存款准备金可以说是中央银行调控市场最有力、最重要的武器，中国市场巨大，以目前的情况来看，存款准备金率调整1%就可以释放出万亿级的货币。但是由于调整存款准备金率的影响非常大，因此一般来说各国央行都会比较有限制的谨慎使用这一手段。

第三节 银行间市场在干嘛？

货币市场是一个复杂的概念，除了国有的各大商业银行，还有其他民间金融角色参与其间。像是之前红极一时的余额宝，就是由天弘基金和支付宝联手打造的民间金融产品。

小贴士：余额宝是什么？

余额宝是支付宝与天弘基金联手打造的一项网络理财产品，因其使用方便、操作简单、功能强大、收益率高而在极短的时间内获得了极大地关注度，上线一个月就募集到超过百亿元的资金，可谓金融界的一匹黑马。

草根投资利器余额宝上市一段时间以后，收益率一路走低，而中央银行在此时又连续进行了多次正回购。新闻里常说的中央银行公开市场操作与余额宝的收益，这两者之间有什么关系么？这种收益率下降的原因何在？下面来一一解释。

货币市场是什么？

举个例子来说：最初，某镇有两家银行，其中A银行遇到了一个很大的项目，需要一大笔现金，但是A银行没那么多钱，却又很想做这个项目，于是向B银行借钱。

这样，银行A就和B达成了协议，A银行通过项目赚了不少钱，B银行也拿到了利息。

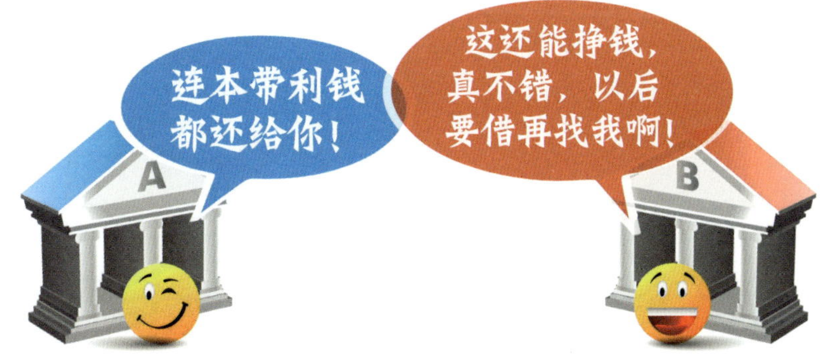

后来，银行们之间经常互相借钱，就逐渐形成了银行间货币市

场。之后其他机构也发现了这个可以大笔借入资金的市场，于是银行间市场参与者就越来越多，包括余额宝背后的货币基金：

银行
证券
货币市场
信托
保险
货币基金
融资机构

在市场中，有人有钱无处投资，也有人有项目却找不到钱。于是，缺钱的人就去银行间市场上借钱，而有钱的人把钱投入就可以获得利润，这样一来，资金就获得了比较优化的配置。

在货币市场里，利率就是资金的价格。银行间市场是一个竞争的市场，所以大家都在借钱的时候，借钱利率较高的人会借到钱。所以，借钱的利率基本都是公开的，中国的银行间市场利率就是著名的shibor利率。

SHIBOR=Shanghai Interbank Offered Rate（上海银行间同业拆放利率）

银行间市场，就像一个很大的水池，有货币基金、银行资金，会源源不断的向这个水池里注入资金，也有各种投资机构像水泵一样，不断的从中汲取资金输送到实体经济之中去。而资金在银行间市场，就是流动性。

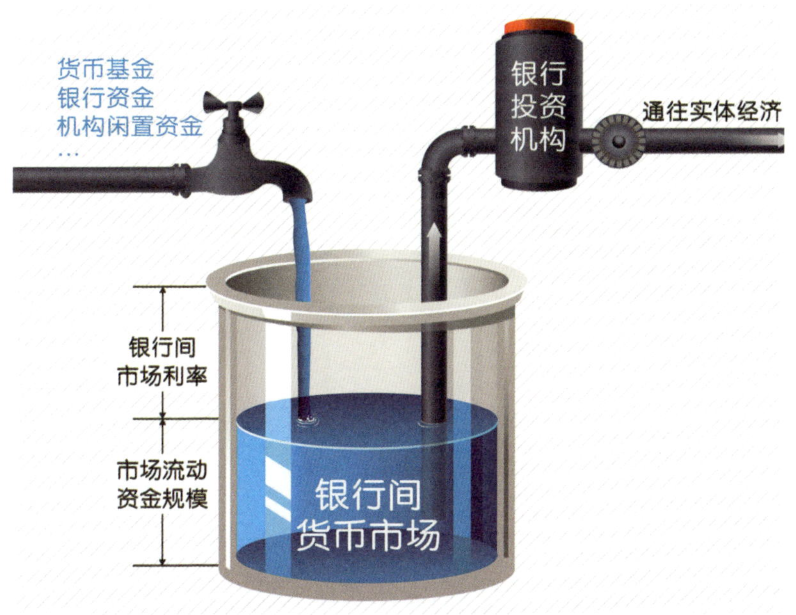

银行间市场上的货币越少，货币就越值钱，利率就越高。就像水池里的水越少，抽水的难度就越大，余额宝利率就上升。反之，流动资金多的时候，市场利息下降，相应的余额宝的收益也就自然下降了。

央行在货币市场做什么？

虽然市场有一定的调节力量，但它也不是万能的。拿最近的例子来说，2013年六月，银行闹钱荒的时候，央行一直没有出手，维持了较紧的货币政策，于是，货币市场利率就快速攀升。

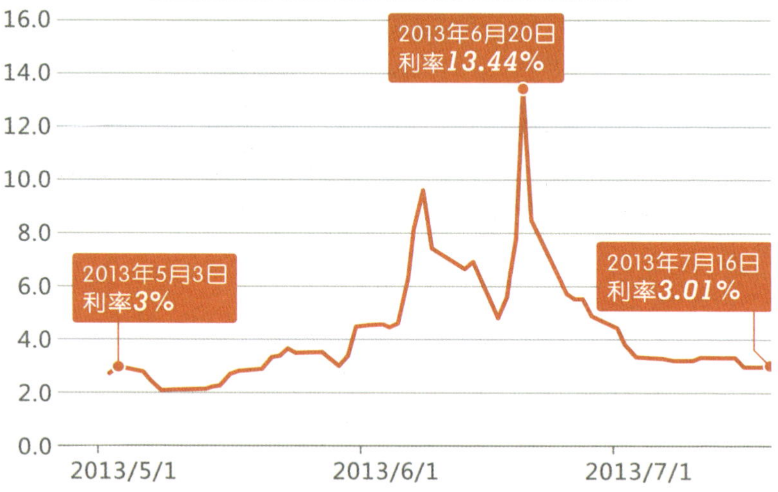

但是这样利率的大幅度波动对实体经济的影响比较严重。于是一般来说，央行会控制这种利率波动的范围。具体方式表现为**正回购**和**逆回购**。

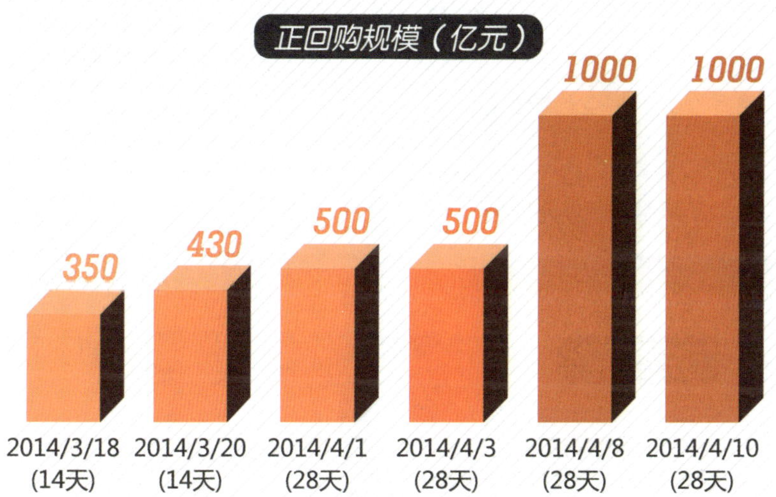

比如前一段时间银行间市场利率大跌的时候，央行就进行了一系列正回购操作，回收了一部分市场上的流动性。那么正回购到底是什么呢？

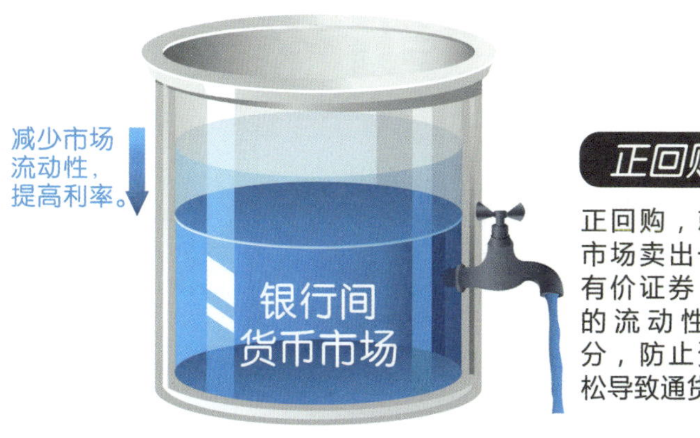

正回购

正回购，就是央行向市场卖出一些国债等有价证券，将市场上的流动性回收一部分，防止资金过度宽松导致通货膨胀。

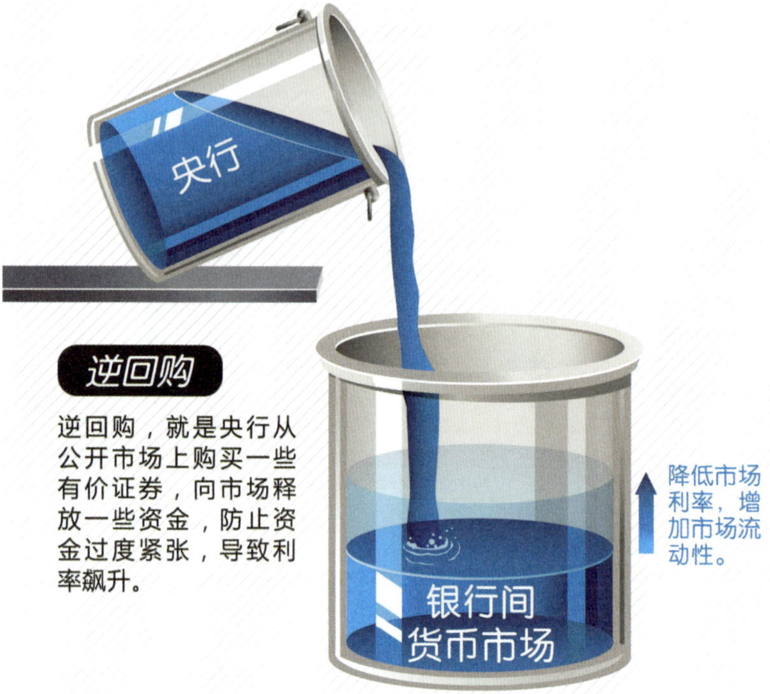

央行

逆回购

逆回购，就是央行从公开市场上购买一些有价证券，向市场释放一些资金，防止资金过度紧张，导致利率飙升。

降低市场利率，增加市场流动性。

银行间货币市场

除了正回购、逆回购之外，央行也会通过发行票据等其他方式进行调控，不过基本的原理都是一样的。

央行操作有什么影响？

公开市场操作最重要的功能就在于调节货币市场的流动性，所以货币市场的利率也会随之变化：逆回购之后，银行间资金增加，利率下降；反之，正回购之后，银行间资金量下降，想借到钱就需要更高的利率。造成余额宝利率浮动的一项主要原因就在于此。

下图为央行在2012年实行相对宽松的政策时的公开操作。

2012年5月上海银行间同业拆借利率

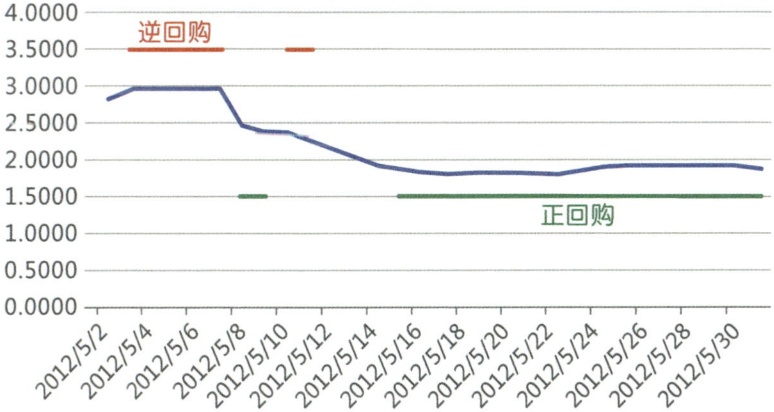

逆回购

正回购

数据来源：Shibor、中国人民银行

公开市场操作是央行动用的最频繁的武器，它在控制市场流动性中发挥了不可替代的作用。

本章结语

看过《华尔街之狼》这部电影的人可能都会对金融业有这样一种印象：穿着西装吃钱的狼。

其实，金融业只是分配社会资源的一个环节，这个行业的存在改变了经济社会的发展形态，让金钱的运作效率大幅度提高，并无正义与黑暗之分。

90年代之前，我国金融业发展缓慢，一般民众的金融知识少得可怜，之所以会觉得金融业离我们遥远，甚至对其产生误解，就是因为金融知识的缺失。

如今金融已经走入寻常百姓家，每个人都有必要多多了解金融业和金融市场，更好的掌控我们手头的资金，运用头脑来改变自己的生活。

市场利率

市场流动资金规模

银行间货币市场

后记

经济学，说白了就是研究钱的学问。

俗吗？的确有点，但是生活在经济社会中，谁能离开钱过日子呢？说经济学，可能显得大了些，可是要正确处理好生活中的点滴小事，又的的确确需要向经济学的大智慧借一把力。

搜狐财经《图解财经》栏目组一直致力于大众财经的解读，是财经信息整合与图解展示领域的权威，受到了广大网友的喜爱。本书的初衷是将该栏目的精彩内容转化为纸质图书，让更多的读者便于了解和阅读。

网上的内容整合成书不是简单的堆砌。既要保留网络资讯的新鲜性，又把将其中的精华提纯保留。本书编写组与搜狐财经《图解财经》栏目组反复商讨，将零散的知识分门别类重新整理，将数字化内容加以提纯、补充和完善，使之更加具有可读性、实用性，实现了网络知识与实体书之间的转化。

在书中我们力图展示一种复杂问题简单化、零散现象整体化的思维方式，帮助读者在遇到类似问题时主动思考，积极应对。我们不做高大上，做的是让人看得见、摸得着的东西。如果本书使您对身边经济学有了一定感悟，就是对我们最大的鼓舞。不到之处，还请读者批评指正。

本书是我社与搜狐财经《图解财经》栏目组通力合作的成果，衷心感谢搜狐财经频道的大力支持和帮助。

编　者

图书在版编目（CIP）数据

图说身边经济学 / 搜狐财经著. -- 北京 : 经济日报出版社, 2014.10

ISBN 978-7-80257-707-7

Ⅰ. ①图… Ⅱ. ①搜… Ⅲ. ①经济学－图解 Ⅳ. ①F0-64

中国版本图书馆CIP数据核字(2014)第222588号

图说身边经济学

作　　者	搜狐财经《图解财经》栏目组
责任编辑	宋潇旸
责任校对	陈礼滟
版式设计	北京创意源文化艺术有限公司
出版发行	经济日报出版社
地　　址	北京市西城区右安门内大街65号(邮政编码:100054)
电　　话	010-63567683（编辑部）
	010-63516959 83559665（发行部）
网　　址	www.edpbook.com.cn
E-mail	edpbook@126.com
经　　销	全国新华书店
印　　刷	中国电影出版社印刷厂
开　　本	889*1194毫米 1/32
印　　张	5.5
字　　数	135千字
版　　次	2014年10月第1版
印　　次	2014年10月第1次印刷
书　　号	ISBN 978-7-80257-707-7
定　　价	38.00元